쿵후(소림권)

쿵후(소림권) 교본

笠尾恭二 著 / 編輯部 譯

오성출판사

책머리에

　이 책에 소개하는 중국 소림권은 광동성에 있는 정무체육회의 소한생(邵漢生) 노사(老師)가 제2차 세계대전 후에 홍콩에서 전한 것들을 중심으로 엮고 있다.
　특히, 홍콩 중앙대학의 임장송 선생의 새로운 가르침으로 집필되었다. 그분들이 전수하고 있는 전통의 무술기법을 기초로 하여, 아시아게임의 정식종목으로 채택된 「우슈」의 실전요령 터득을 위한 교본으로서도 손색이 없도록 만들었다.
　정무체육회는 20세기초 근대 권법계에서 유명한 비종문(祕宗門)의 권호(拳豪) 곽원갑(霍元甲)을 중심으로 상해에서 조직되었다. 그러나 곽원갑이 발족한지 얼마 안돼 급사하였기 때문에, 현재 전하여진 정무회의 기법은 제2대 총교련 조연화(趙連和)의 탄퇴문(彈腿門)을 중심으로 그후 교사로서 초빙된 손옥봉(孫玉峯)의 나한문(羅漢門), 나광옥(羅光玉)의 당랑문(螳螂門), 진자정(陳子正)의 번자문(番子門) 등, 모두 권법사에 이름을 남긴 달인의 기법이 더해졌다. 그래서 민족 무술의 재건, 문파의 타파, 체육으로써의 근대화에 노력하고 근대 권법의 황금기라고 한 만한 동란과 혁명의 1900년내 전반에 일대 무력세력으로써 동시에 또 근대적인 민간조직으로써 놀랄만한 발전을 이루었다. 더욱이 지금은 홍콩, 싱가폴, 말레이지아 등에서 조직활동을 하고 있다.

따라서 이 책은 중국 근대 권법의 황금기에 무술의 달인들이 이룩해낸 소림권법의 명작 모음집인 셈이다. 그 비법들을 극명하고 쉽게 사진과 글로 해설하여, 단시일내에 그 신비의 무술을 습득할 수 있는「우슈」본격 입문서로서, 심신의 단련과 호신술의 연마를 위해 쿵후를 배우고자 하는 사람들을 대상으로 꾸며졌다.

모쪼록 이 책이 무술에 관심을 갖고 정통 소림권법의 진수를 접하려는 모든 이들에게 환영받을 수 있는「우슈」의 가이드로 한몫을 했으면 하는 마음 간절하다.

저자 笠尾恭二

차례

수인 수세의 활인권을! —— 서문을 대신하여 ………………………… 3

1 입문의 장 —— 권각의 기본공 …………………………… 11

연습을 시작하기 전에 —— 기본공의 단련법 ……………………… 12

1. 다리 세우기 연습 ………………………………………………… 14
   1. 기본적인 다리 세우기 방법의 연습법/14 2. 부보의 단련/18
2. 찌르기의 기본 연습 ……………………………………………… 20
3. 차기 연습 —— 발의 기술을 자유자재로 구사하는 훈련 ……… 22
   1. 십자 등각/22   2. 분각/25
   3. 등각/26   4. 파각/28
   5. 이합퇴/30   6. 이기각-1(이기분각)/33
   7. 이기각-2(이기십자등각)/34 8. 선풍각-1/36
   9. 선풍각-2/38
4. 차기의 연속 연습 —— 발의 기술을 유연하게 연환시키는 훈련 …… 40
   1. 비연 삼련각/40   2. 진보 분각 소퇴/45
   3. 전신 삼련각/47
5. 단교수의 연습 —— 팔을 짧고 무겁게 사용하는 훈련 …………… 48
   1. 남파 소림 개문식/48   2. 학수 단련법/50
   3. 쌍룡 출해/52   4. 학수 받기/56

차 례

5. 소익수/58
6. 남파 소림의 찌르기/60
7. 단교수의 상대 훈련/62
8. 당천포/63
9. 학수 추격/64
10. 호접장/66

6 장교수의 연습 ── 팔을 길고 빠르게 사용하는 훈련 ··················70
1. 어깨를 유연하게 하는 운동/70
2. 삽추의 기본훈련/72
3. 연환 팔자 치기의 기본 훈련/74
4. 반장 치기/76
5. 치켜 올려 치기/79
6. 권각 연속기/80

《비권》홍권의 전설──반역의 소림권 82

2 초기권의 장── 남북 소림의 "정화권" ··················83

초기권이란? ··················84
제 1 로 ··················85
1. 회권(돌려 치기)/85
2. 순번거권/87
3. 역번거권/88
4. 도약 전진/88
5. 번거권(순·역)/90
6. 걸어 치는 천심권/91

제 2 로 ··················92
7. 추각 연격/92

제 3 로 ··················94
8. 번신 벽권/94
9. 좌천심권/95

차 례

10. 액하권(우)/95
11. 박주 등각(좌)/96
12. 와두권(좌)/96
13. 천심권(우)/96
14. 액하권(좌)/96
15. 박주 등각(우)/98
16. 부퇴 피세(좌)/98

제 4 로 ···98
17. 부퇴 쌍봉수(우)/98
18. 연환 단타-1/100
19. 부퇴 피세(우)/100
20. 부퇴 쌍봉수(좌)/100
21. 연환 단타-2/100

제 5 로 ··102
22. 궁보 호권(우)/102
23. 쌍익수/102
24. 사수 분각(우)/102
25. 궁보 호권(우)/104
26. 쌍익수/104
27. 사수 분각(좌)/104
28. 궁보 호권/106

제 6 로 ··106
29. 금라 단란수/108
30. 걸어 치는 관수/108
31. 연환 팔자 치기/108
32. 삽추 연격/110
33. 좌와두권/112
34. 우와심권/112
35. 수세/112

초기권의 분해 연구 ··114

차 례

1. 회권(돌려 치기)/114
2. 순번거권/115
3. 역번거권/116
4. 와두권/117
5. 십자 요음퇴/118
6. 번신 벽권/119
7. 액하권/120
8. 박주 등각/121
9. 부퇴 피세/122
10. 부퇴 쌍봉수/124
11. 연환 단타/125
12. 호권/126
13. 쌍익수/127
14. 사수/129
15. 금라 단란수/130
16. 걸어 치는 관수/132
17. 연환 팔자 치기/134
18. 삽추 연격/136

《비권》채리불가권──장교 대마의 남파 종합 권법 138

3 염수권의 장 ──북파 나한문의 대타권 ······139

염수권이란? ······140
개문식 ······141
제1로(전반) ······144
제1로(후반) ······147
제2로(전반) ······150
제2로(후반) ······154
제3로(전반) ······155

제 3 로 (후반) ··· 160
제 4 로 (전반) ··· 164
제 4 로 (후반) ··· 169
제 5 로 (전반) ··· 174
제 5 로 (후반) ··· 180
제 6 로 (전반) ··· 186
제 6 로 (후반) ··· 190
《비권》영춘권──단교 협마의 실전권 194

4 절권의 장 ─북파 소림 장권의 "비연형" ··· 195

절권이란? ··· 196
  개문식 ·· 197
  제 1 로 ·· 202
  1. 걸어 치는 천심권/202   2. 십자 등각/204
  3. 번신 상추/204   4. 전신 마보추/206
  5. 걸어 치는 천심권/209   6. 십자 등각/209
  7. 이기 십자각/209   8. 착지 마보추/211
  9. 환보 사방 마보추/211   10. 추각 삼련격/212
  11. 복신 천심권/214   12. 십자 등각/214

차 례

13. 진보 이기 십자각/217
14. 착지 마보추/217
15. 선풍각/219
16. 탁수 마보추/219
제 2 로 ··221
17. 전신 사방 분각/221
18. 번신 하세 도수/223
19. 추수 촌퇴/225
20. 진보 좌도수/225
21. 퇴보 구수/226
22. 진보 우도수/226
23. 퇴보 구수/228
24. 전신 걸어 치는 천심권/228
25. 십자 등각/231
26. 철보 와두권/231
27. 걸어 치는 천심권/233
28. 십자 등각/233
29. 이기각/233
30. 복신세/234
31. 전신 허보 도수/234
32. 질풍 이기각/236
33. 복신세/239
제 3 로 ··239
34. 전신 분개수/239
35. 진보 분각/240
36. 복신세/242
37. 후소퇴/242
38. 환보 마보 연환추/244
39. 비연 삼련각/247
40. 수세/253

《비권》현재 중국의 소림권과 홍콩의 권법계 — 254
현대에 숨쉬고 있는 전통의 무술

1 입문의 장

—권각의 기본공

1 입문의 장

연습을 시작하기 전에
―― 기본공의 단련법

실력 향상의 길
잘 알려진 중국 권법의 연습 교훈에 다음과 같은 말이 있다.
「권(拳)을 단련하고, 공(功)을 단련하지 않으면 늙어서 일장춘몽이 된다.
 공을 단련하고, 권을 단련하지 않으면 노 없는 배와 같다.」
 이 경우의 권이란, 기술이나 형태(型)를 의미한다. 그리고 공이란, 수련이나 단련을 의미한다. 즉 새로운 기술이나 진귀한 기술만을 추구하고 기본적인 단련을 무시하면 결국 아무것도 익힐 수 없다. 또 그 반대로 기술을 무시하고 몸만을 단련시켜도 그 단련한 성과를 발휘할 길, 즉 기술이 없기 때문에 역시 하나의 노가 없으므로 배를 저어 갈 수 없는 것과 마찬가지로 좋은 기술을 활용할 수 없다는 것을 뜻한다. 또한 권은 기술수련, 공을 정신수련이라고 생각해도 좋다. 하여튼 권과 공은 수레의 양바퀴와 같은 것이다.
 예를 들면 이 책의 연습은 겨우 네 가지의 서는 방법의 연습부터 시작한다. 얼핏 보아 간단한 것 같지만, 실제의 연습은 한 가지씩의 서는 방법을 각각 될 수 있는 한 오랫동안 유지하며, 그로부터 다음 다리 세우기로 바꾸어 충분히 공을 단련한다. 토대만을 만들어 두어도 건물은 언제까지나 완성되지 않는 것과 마찬가지로 새로운 기술에 도전하여 앞으로 전진하는 것도 중요하지만 한 걸음, 한 걸음의 과정을 중요하게 여겨 잘 밟아 다져 나가는 일이 가장 확실한 숙달의 길이라고 생각한다.

호흡과 힘을 넣는 방법―구체적인 연습 요령

태극권·소림권과 같은 중국 권법은 일반적으로 자연스런 호흡을 중요시하고 몸 전체의 부드러운 탄력성을 살려 유연한 힘을 이용한다. 그러나 자연스런 호흡으로 한다고 한마디로 말해도 새로운 동작을 배울 때 어떤 상태가 자연스런 호흡으로 하는 것인가 하는 것은 스스로 판단하기가 매우 어렵다. 따라서 구체적인 요령으로 다음과 같이 시도해 보는 것이 좋을 것이다.

우선 첫째로 힘을 전혀 넣지 않고 바른 모양을 익히도록 노력한다. 다음에 역시 힘을 뺀 채로 기술 하나 하나의 자세한 절차를 중요시하여 바른 동작을 익힌다. 그리고 기술을 사용할 때는 코로 숨을 약간 내쉬면서 한다. 특히 연속적으로 기술을 사용할 때 이 호흡이 극히 중요한 요령이 된다. 이리하여 힘을 빼고 부드럽게 움직이며 똑바른 모양과 동작을 되풀이하면 호흡과 기술과 힘의 결합을 자연스럽게 체득할 수 있게 되는 것이다.

또 기술을 이용할 때에 얼굴의 표정을 부드럽게 유지하는 것도 중요하다. 표정이 부드러울 때 반드시 어깨 힘이 빠져 있으며, 기력을 집중하여 기술을 결정했을 때 등에도 눈을 감거나 하는 일이 없다. 중국 권법은 맨손체조·무용과 공통점이 많으므로 독습할 경우에는 특히 이러한 운동에 접한다는 마음 가짐으로 하면 좋다.

1 입문의 장

1. 다리 세우기 연습

1. 기본적인 다리 세우기 방법의 연습법

❶ 양손을 허리에 대고 될 수 있는대로 무릎을 굽혀서 오므리고 선다.
❷ 왼발을 왼쪽으로 벌려「마보(馬步)」모양으로 한다. 무릎을 벌려 힘껏 허리를 낮추는데, 그로 인하여 다리 끝이 밖으로 벌어지지 않도록 신경쓴다. 또 아랫배를 앞으로 내밀어 등의 힘이 아래방향으로 자연스럽게 내려오도록 한다. 엉덩이를 뒤로 내밀고,

1 입문의 장

등에 힘을 주면 허리뼈에 무리한 힘이 가해지므로 허리를 아프게 하는 원인이 된다.
눈은 똑바로 앞을 쳐다보며 표정을 부드럽게 유지하고, 상체의 전 체중을 아래쪽으로 "내맡긴다"라고 하는 마음가짐이 중요하다. 마보(馬步)를 잠깐동안 유지하고 ③으로 옮긴다.

❸ 마보에서 양발을 동시에 약 45°, 왼쪽으로 비키어 궁보(弓步)로 한다.
 남파 소림은 상체의 넓이만큼 좌우로 벌리지만, 북파 소림의 궁보는 일반적으로 거의 일직선상으로 선다. 또 전후의 폭도 북파는 남파보다 크다. ②의 마보와 똑같이 힘을 빼고 체중을 자연스럽게 아래쪽으로 내리지만 다리 세우기는 흐트러짐이 없이 힘있게 선다. 더우기 마보에서 궁보로 옮길 때에는 허리의 꺾는 맛도 양성하기 위해 순간적으로 변화할 것.

15

1 입문의 장

❹ 궁보에서 우선 연결 동작으로써 뒤쪽 다리를 밖으로 벌린다.
❺ 가볍고 빠르게 앞쪽 발을 반보 뒤쪽으로 당겨서「허보(虛步)」로 한다.
　앞쪽 발끝은 마치 수면에 발끝을 대는 듯한 기분으로, 체중은 거의 뒤쪽으로 준다.
　전체 균형을 잡기 위해 상체는 약간 앞으로 구부리게 되지만, 허리뼈에 무리한 힘이 들어가지 않게 신경을 쓴다. 그대로 잠시 서 있는다.

⑤의 정면도

1 입문의 장

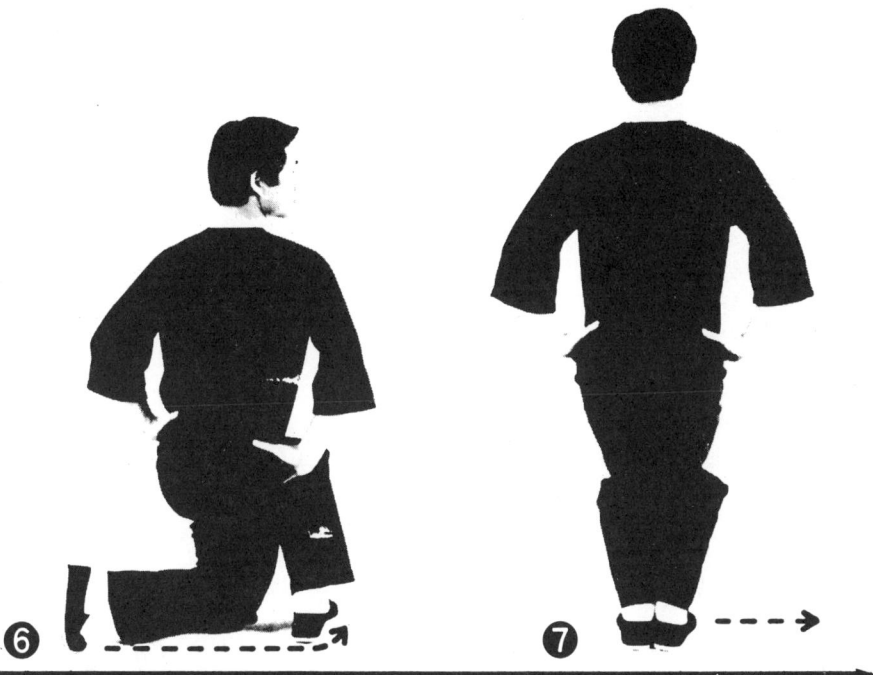

⑥의 정면도

❻ 허보의 앞발을 그 자리에서 좌로 벌려 힘껏 밟고 재빠르게 상체를 아래 쪽으로 비틀어 내린다. 뒤쪽 다리의 뒤꿈치를 올려 발가락에 힘을 주어 선다. 뒤쪽 다리의 무릎을 땅에 대어서는 안된다.

이런 식의 서는 방법은 남파에 많고「케마(跪馬)」라고 부르는데, 통칭 북파의 좌반세(座盤勢)」를 이용해도 좋다.

❼ 뒤쪽 다리를 당겨붙여서 다리를 모으고 나서 반대쪽을 연습한다.

1 입문의 장

2. 부보(仆步)의 단련

❶ 양손을 허리에 대고 똑바로 선다. 양손의 권(拳)을 허리에 당겨 붙인 자세라도 좋다.
❷~❹ 왼발의 탄력을 이용하여 가볍게 도약, 오른발로 왼발의 무릎을 뛰어넘고 왼발은 거꾸로 오른발 무릎 뒤부터 빼내듯이 한다. 오른발이 땅에 닿았을 때 왼발을 세운 다리 무릎 옆에 딱 붙인다. 익숙해질 때까지는 멀리 뛸 것을 생각하지 말고 될 수 있는 대로 상체의 힘을 빼고, 부드럽게 뛰어오르는 것이 좋다.
❺ 상대방의 발등, 발목을 밟는 듯한 기분으로 몸을 내리고 재빨리 왼발을 벌린다. 땅에 닿기 직전부터 발바닥으로 땅을 문지르듯이 내딛는 편이 바람직하다. 왼발은 족도(足刀)를 한껏 내밀어서 무릎 뒤쪽을 펼 것.
　왼쪽으로 이동하여 여러번 반복한 후 오른쪽으로 되돌아가 반대쪽을 연습한다.
참고도 : 하반신, 발목이 굳은 사람은 우선 두 사람이 족도를 떠받쳐서(혹은 벽등을 이용) 허리를 조금씩 올렸다 내리면서 부보의 다리 세우기를 단련할 것.

1 입문의 장

참고도 : 부보의 상대 연습

19

1 입문의 장

2. 찌르기의 기본 연습

　찌르기의 기본 연습에는 여러가지 방법이 있다. 여기에서는 이 책에서 소개하는 절권 (節拳)에도 되풀이해서 나오는 "걸어 치기—천심권(穿心拳)"의 연결 기술을 예를 들어 설명하겠다.
　우선 참고도와 같이 궁보(弓步)로 다리세우기를 결정한 뒤, 어깨를 지점으로 하여 팔을 휘둘러서 치기의 단순 반복연습을 한다. 될 수 있는대로 팔꿈치는 편 채로 또 상체도 될 수 있는대로 부드럽게 정지한 상태로 팔을 부드럽게 선회한다. 뒷권으로 안면 등을 치거나 상대방의 팔을 떨어버리는 등의 의미도 있지만, 상대방의 안전에서 권을 한번 휘둘러서 놀라게 하고, 재빠르게 찌르기·치기를 한다는 "견제기(牽制技)"로서도 중시되고 있다. 걸어서 치기 단련에 익숙해지면 찌르기와 맞추어서 연습한다 (①~③). 요령을 알 때까지 힘을 주어서는 안된다.

1 입문의 장

❸

참고도 : 걸어 치기의 단련

1 입문의 장

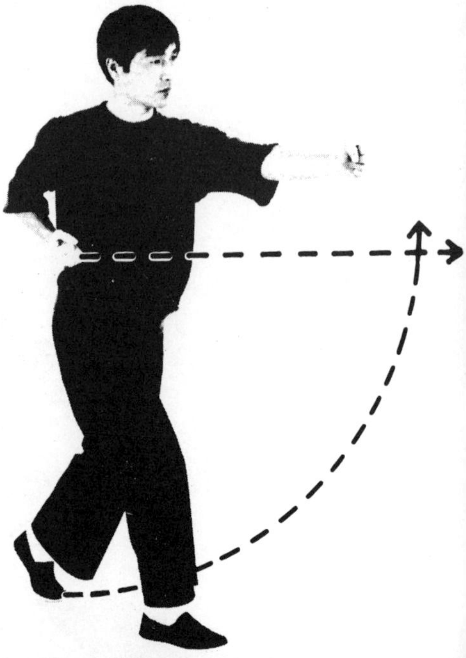

3. 차기 연습
―발의 기술을 자유자재로 구사하는 훈련

1. 십자 등각(十字蹬脚)

❶ 양손을 쥐고 자연체(自然体).
❷ 걸을 때와 같은 요령으로 왼손을 내밀면서 오른발을 전진.
❸ 상체의 탄력을 이용하여 오른손을 찌르는 것과 동시에 왼발을 떠 올린다.
❹ 왼발을 일단 세운 다리 옆에 내리고 전신의 힘을 뺀다.
❺~❻ 이어 왼발을 전진시켜 반대동작. 코로 숨을 쉬면서 기술을 결정한 순간, 권과 발로써 십자형을 만든 뒤, 탄력을 없애고 편안하게 걷는다. 기술은 반드시 중단에서 결정한다.

1 입문의 장

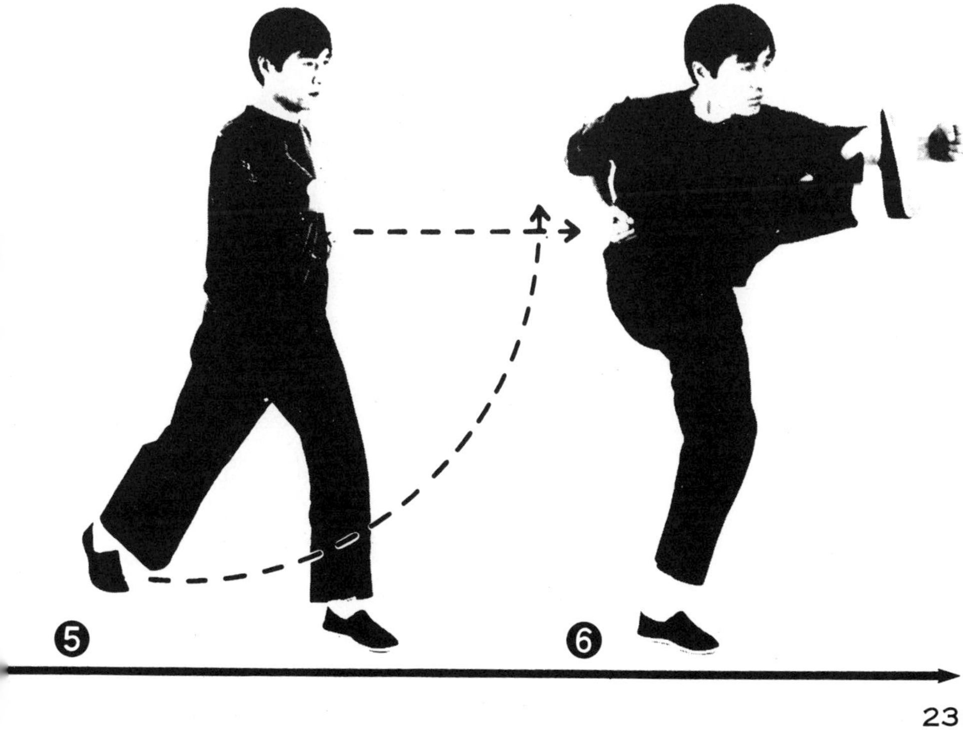

2. 분각(分脚)

등각은 무릎을 거의 벌린 채 치켜 올리듯이 발뒤꿈치로 차는 기술이지만, 분각은 무릎의 스냅(Snap)을 이용하여 발끝, 발등으로 차올린다.

❶ 자연체에서 왼발을 내밀고 양손을 모아 머리 위로 올린다. 조금 몸을 뒤로 젖혀서 탄력을 모은다.

❷ 팔과 다리의 탄력을 이용하여 차올린 발등을 양손으로 친다. 전신의 상태가 좋으면 "펑"하고 기분좋은 소리가 날 것이다. 준비운동 또는 유연체조를 겸해서 하는 차기 연습 방법이므로 결코 힘을 주어서는 안된다. 기술을 결정한 순간도 전신의 힘을 부드럽게 집중한다고 하는 기분이 중요하다.

❸~❺ 찬 다리를 일단 세운 발 옆으로 놓고 다시 반대 동작. 앞으로 걸어가면서 좌우 교대로 연습한다.

1 입문의 장

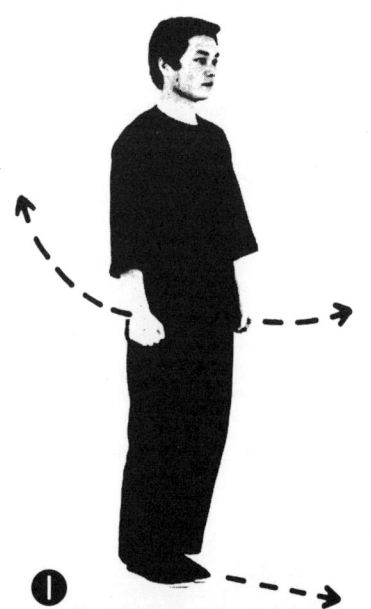 

3. 등각 (蹬脚)

❶ 자연체(다리를 오므리고 선다).
❷ 왼발을 내밀면서 오른손을 뒤쪽으로부터 휘둘러 올려서 탄력을 모은다.
❸ 무릎 뒤쪽을 편 채로 팔 다리의 탄력을 이용하여 우권(右拳)을 아래로 휘둘러 내리고, 오른발을 높이 쳐 올린다. 왼손은 오른손과 대칭적으로 뒤에서 치켜 올려 균형을 유지한다.
❹~❻ 전신의 힘을 빼고 다리를 내려서 반대 동작.

1 입문의 장

1 입문의 장

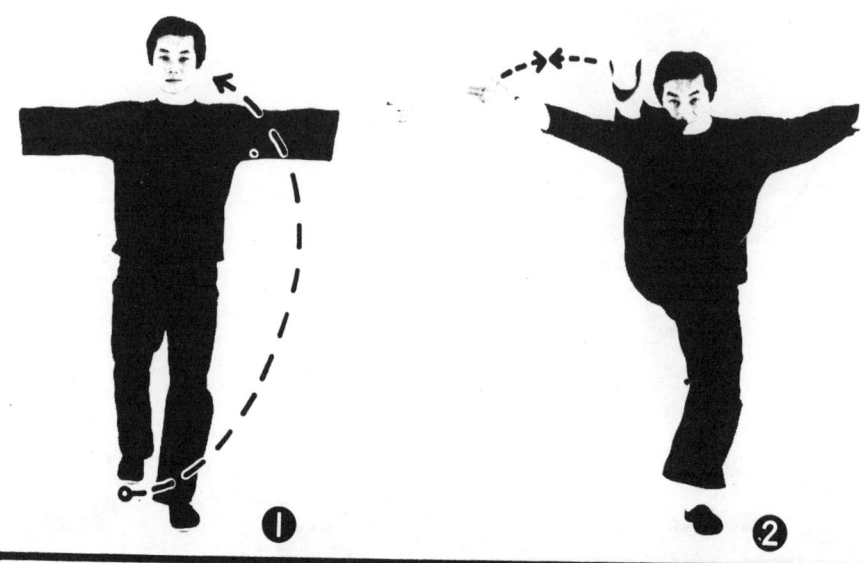

4 파각 (擺脚)

❶ 자연체에서 양손을 좌우로 벌리고 왼발을 내민다.
❷~❸ 오른발을 벌린 채 얼굴 앞에서 원을 그려서 밖으로 돌려 차고, 오른손으로 족도(足刀) 옆을 친다.
❹~❼ 일단 찼던 발을 세운다리 옆으로 내리고 나서, 오른발을 내밀며 반대동작. 걸으면서 좌우 교대로 연습한다. 절대로 숨을 죽이지 말고 편안히 걸으면서 발을 휘두르는 기분.

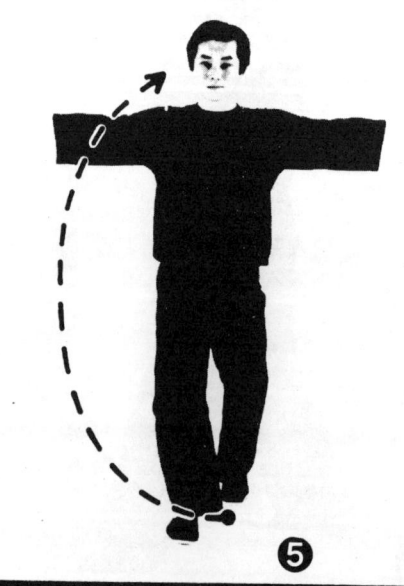

1 입문의 장

1 입문의 장

5. 이합퇴 (里合腿)

❶ 자연체에서 양손을 좌우로 벌리고 왼발을 내민다.

❷~❸ 오른발을 벌린 채 안쪽으로 세차게 찬다. 안면을 가로 지른 곳에서 손발을 서로 친다.

❹~❻ 찬 발을 일단 세운 다리 옆 (앞이나 옆이라도 좋다)으로 내리고 전신을 부드럽게하여 반대 동작으로 들어간다. 숨가쁘게 힘을 들여 연습하면 도리어 몸이 굳어지고 만다. 걸으면서 편안히 힘을 집중·방산(放散)할 수 있도록 연습한다.

1 입문의 장

1 입문의 장

6. 이기각 (二起脚) — 1 (이기분각)

❶ 자연체.

❷~❹ 양손을 우선 오른쪽 위로 크게 휘둘러 올리면서 오른발을 내딛고 땅을 차면서 도약, 무릎의 스냅을 이용하여 공중에서 분각을 한다. 양손은 몸앞에서 크게 휘두르며, 오른손으로 오른쪽 발등을 쳐서 기술을 결정한다.

사진예 4에서는 기술을 정한 순간 왼발이 뻗어 있으나, 준비한 발은 되도록 무릎을 굽혀서, 몸에 당겨붙여 두는 것이 바람직하다.

멀리 뛰는 것보다도 가볍게 그리고 부드럽게 뛰는 것을 연습한다. 따라서 바닥을 내딛을 때 발소리가 나지 않도록 한다. 뛸 때, 내딛을 때에 발목을 부드럽게 사용한다. 탁 하고 내딛으면 허리가 아프므로 주의.

익숙해지면 앞으로 연속적으로 뛰어간다.

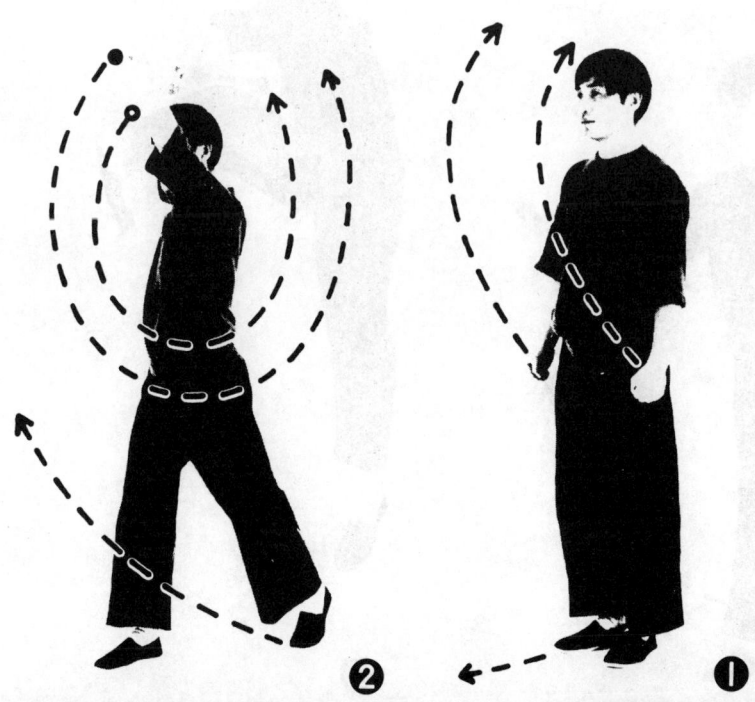

7. 이기각-2(이기 십자 등각)

❶~❹ 자연체로 걸어가는 동작과 같은 요령으로 손과 발을 내밀고 스므드하게 도약하여 공중에서 십자 등각을 한다.

공중에서 순간적으로 좌우의 십자 등각을 하는 모양이 되는데, ②는 ④를 위한 탄력을 모으는 동작이므로 손을 가볍게 내밀고 발도 가볍게 치켜 올려서 그 반동으로 손과 발의 힘을 집중시켜 기술을 정한다(④). 다만 기술을 결정할 때의 등각은 이기분각과 마찬가지로 충분히 무릎의 스냅을 이용하여 찬다. 결정의 순간에는 권과 발이 십자로 교차되고, 준비한 다리도 될 수 있는대로 몸에 당겨 붙여 두는 것이 바람직하다. 익숙해지면 연속적으로 되풀이하여 뛰어간다.

착지할 때는 발소리를 내지 않는다(틈을 주지 않고 다음에 대비하기 위해서이며, 또 허리를 보호하기 위해서). 숨을 절대로 죽여서는 안된다.

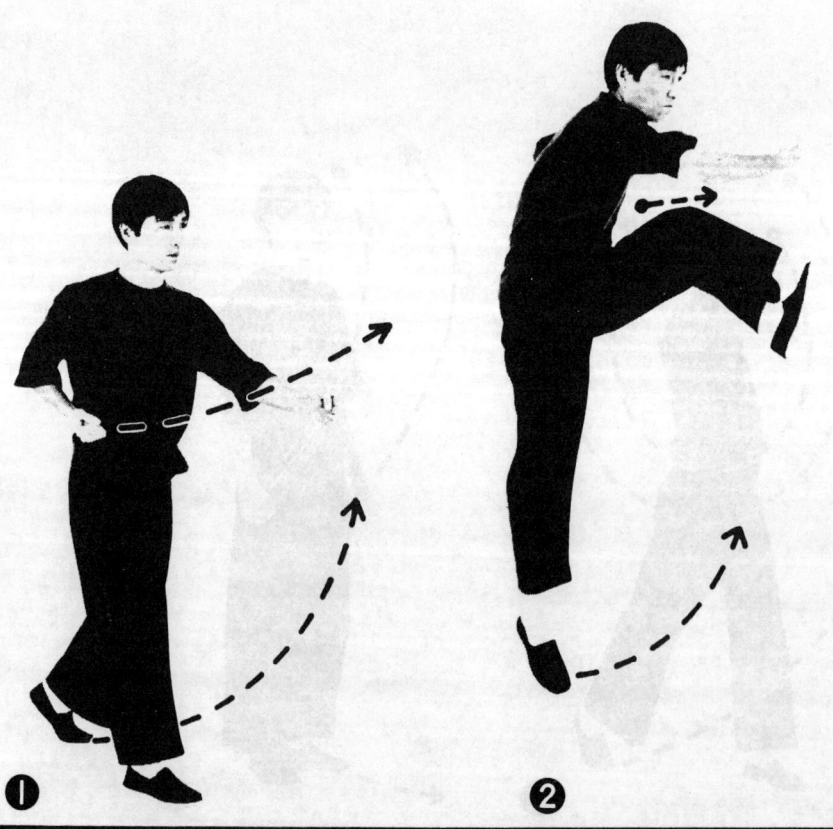

1 입문의 장

❸　　　　　　　　　❹

1 입문의 장

8. 선풍각(旋風脚) — 1

선풍각의 기본 연습

❶~❻ 상대방에게 자기가 쉽게 뛸수 있는 높이보다 조금 높게 손을 내밀게 하여, 줄넘기와 같은 요령으로 좌우로 뛰어 넘는다.

처음에는 공중에서 손발을 서로 치지 않아도 좋다. 놀이를 하는 것과 같이 반복하는 것이 발목의 유연성, 동작과 호흡의 일치를 자연스럽게 체득할 수 있다.

이와같은 차기를 "도약이합퇴(跳躍里合腿)" "반선풍(半旋風)" 등으로 부른다.

1 입문의 장

9. 선풍각 (旋風脚) — 2

❶ 마보(馬步)로 서서 왼손을 벌려 머리 위에서 받는 자세를 취하고 오른손을 오른쪽으로 내민다.
❷ 양손을 ①의 위치에서 뒤쪽으로 휘둘러 올려 몸을 비틀고 탄력을 모은다.
❸ 왼발을 앞으로 띄우면서, 오른발로 땅을 차고 몸을 비틀며 뛰어오른다.
❹ 공중에서 이합퇴를 한다. 좌장(左掌)으로 오른발 안쪽을 친다.

왼발부터 내딛을 때, 더욱 몸을 비틀어 ①의 자세로 돌아간다. 다음에 다시 오른쪽으로 되풀이하여 뛰어 가든지, 혹은 ①과 양손을 반대로 하여 왼쪽으로 반대 동작을 연습해도 좋다. 호흡·착지(着地)는 다른 기술과 같이 부드럽게 한다. 파각(擺脚)과 선풍각은 북파(北派) 소림의 전형적인 기본기이다.

1 입문의 장

❸ ❹

39

1 입문의 장

4. 차기의 연속 연습

―발의 기술을 유연하게 연환(連環)시키는 훈련

1. 비연 삼련각 (飛燕三連脚)

❶ 자연체에서 양손을 우선 오른쪽 비스듬하게 휘둘러 올리면서 오른발을 내민다.
❷ 양손을 몸 앞에서 아래쪽부터 선회하면서 도약한다.
❸ 공중에서 반선풍각(도약이합퇴)을 한다.
❹~❺ 왼발부터 가볍게 착지. 오른발은 그대로 땅을 문지르듯이 앞쪽으로 내딛으면서 동시에 좌장(左掌)을 위로 떨쳐 올리고, 우구수(右鉤手: 손가락을 구부려 가지런히 한다)를 뒤쪽으로 휘둘러 올린다.

1 입문의 장

1 입문의 장

❻ 도약하면서 오른쪽 손등에 왼쪽 손바닥을 친다.
❼ 이기각(二起脚). 기술을 정할때 오른손으로 오른쪽 발등을 칠 것.
❽~❾ 왼발부터 착지. 오른발은 몸을 비틀면서 착지와 동시에 땅을 힘차게 걷어차고 도약.
❿ 공중에서 몸을 비틀어 선풍각.
⓫ 부드럽게 착지. 숨을 코로 쉬면서 연속해서 기술을 사용할 것.

1 입문의 장

⑦ ⑧

⑩ ⑪

1 입문의 장

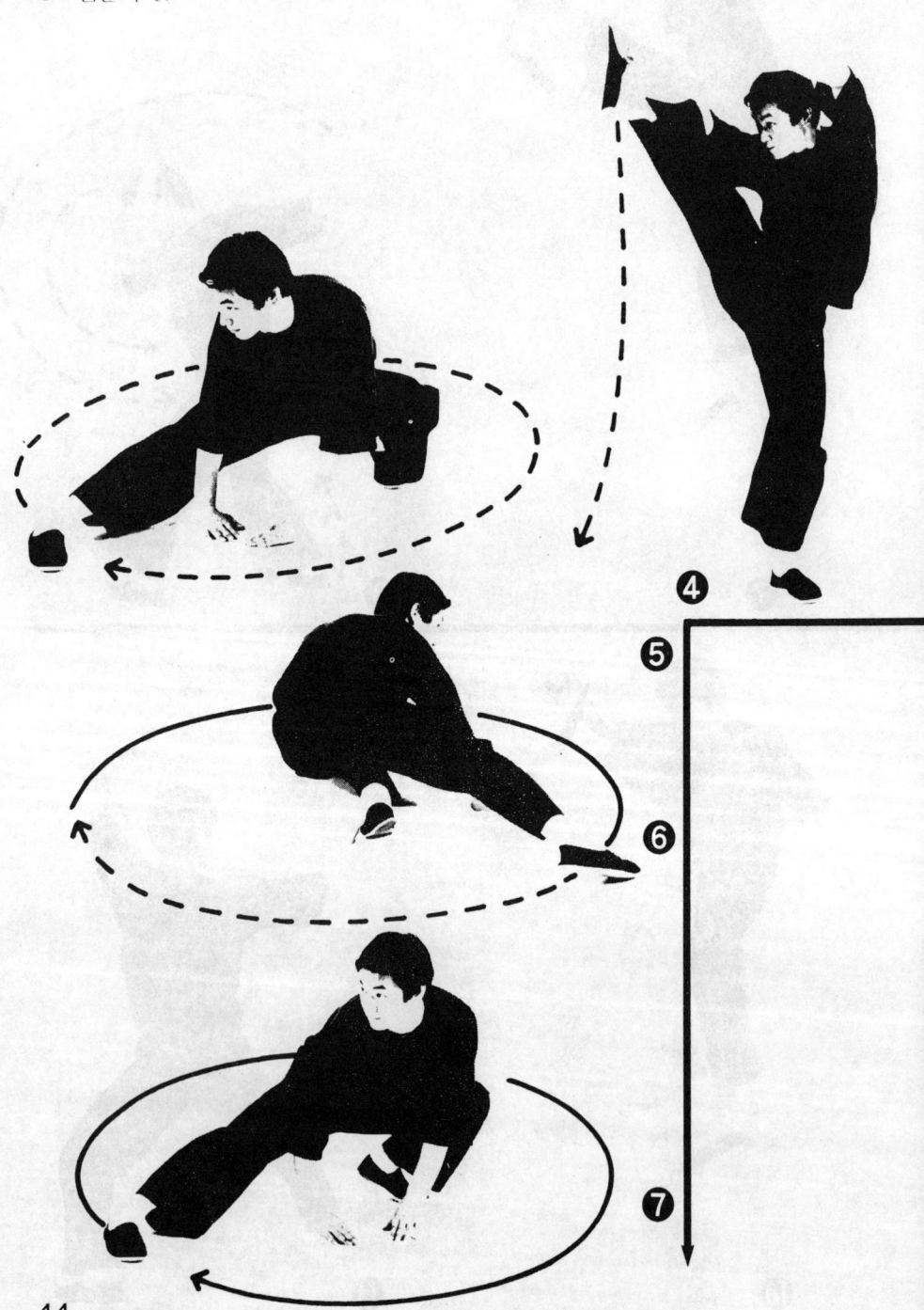

1 입문의 장

2. 진보 분각 소퇴(進步分脚掃腿)

❶ 자연체에서 양손을 조금 앞으로 내밀고 오른발을 내민다.
❷ 오른발을 힘껏 내딛음과 동시에, 양쪽 손등으로 자기 넓적다리 바깥쪽을 탁 치고 뒤쪽으로 떨친다.
❸ 손발의 움직임을 멈추지 않고, 다시 왼발을 전진시켜 양손을 좌우로 나누어 뒤부터 부드럽게 휘둘러 올려 손을 마주친다.
❹ 무릎의 스냅을 이용하여 분각, 오른손으로 왼쪽 발등을 친다.
❺ 단숨에 몸을 낮춰서 찼던 발을 그대로 앞쪽으로 착지시켜 부보로 한다.
❻~❼ 세운 다리의 뒤꿈치를 띄워서 체중을 완전히 왼발에 두고, 오른발을 되도록 지면에서 떨어지지 않게 하여 선회한다. 세운 다리의 발끝을 지점으로 하여 지상에 바르게 원을 그린다. 쳐내린 다리의 무릎은 될 수 있는 대로 구부러지지 않게 한다.
  소퇴도 역시 북파 소림의 독특한 기본기이다. 부보가 익숙해지면 연습한다.

1 입문의 장

1 입문의 장

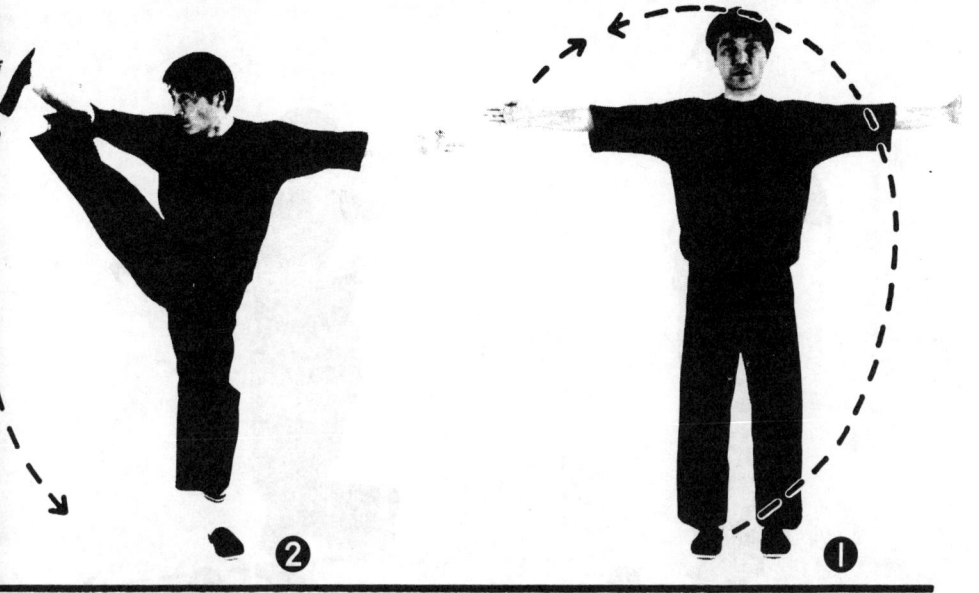

3. 전신 삼련각(轉身三連脚)

❶ 양손을 벌려 자연체(다리를 오므리고 서도 좋다).
❷ 오른발을 정면에서 밖으로 돌려 치켜 올리듯이 찬다.
❸ 오른발을 가볍게 내린다.
❹ 오른발을 힘껏 내딛음과 동시에 안쪽으로 돌려 급히 몰아 친다.
❺ 찬 발을 안쪽으로 비틀어 내린다.
❻~❼ 몸을 비틀어 뛰어올라서 선풍각. 착지한 후 반대 동작을 연습한다.

1　입문의 장

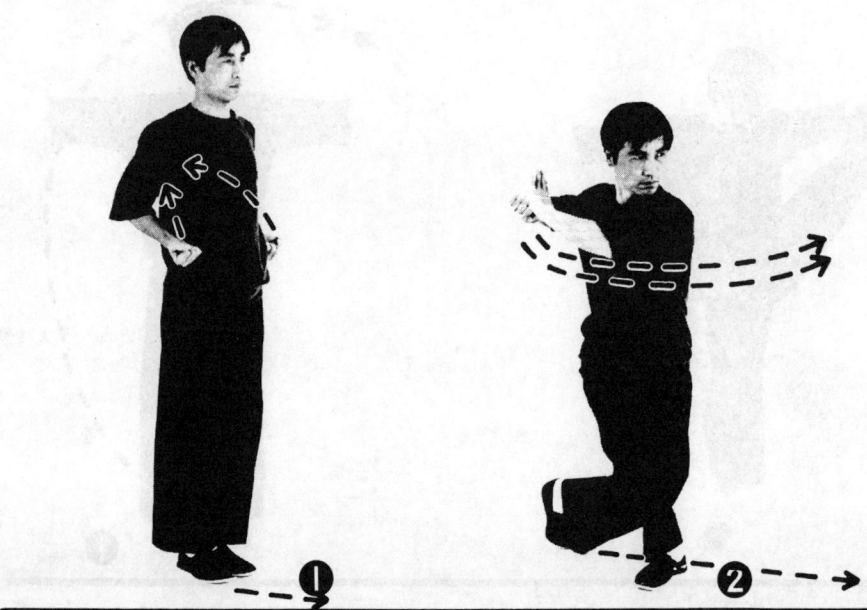

5. 단교수(短橋手)의 연습
―팔을 짧고 무겁게 사용하는 훈련

1. 남파 소림 개문식(開門式)

❶ 다리는 오므리고 똑바른 자세. 양권을 허리에 준비한다.
❷ 오른발을 밖으로 벌리고 반보 앞으로 힘있게 내딤음과 동시에 몸을 비틀어 허리를 내리고 오른쪽으로 우권의 손목을 굽혀 그 권면과 왼쪽 손바닥을 팔자형으로 서로 마주보게 한다.
❸ 허리를 내린 채 왼발을 일보 앞으로 내밀어 허보로 하고, 동시에 양손을 그대로 정면으로 돌려 기력을 집중한다. 이것이 권법사상 유명한 남파 소림 홍가문(洪家門)의 개문식(開門式)이다. 지금은 남파 소림의 많은 문파가 이 개문식을 무술적인 예(礼)로 한다. 우권은 "武(力)", 좌장은 "文(智)"을 나타낸다.
❹ ③을 한 뒤 즉시 수권(收拳) 동작 (권을 거두어 들이는 동작)으로 들어간다. 우선 왼발을 원래 위치로 되돌아 가서 왼손을 쥐고 양권을 아랫배 앞으로 댄다.
❺~❼ 오른발을 원점으로 되돌아 가게 하여 다리를 세운 뒤 양권을 안에서 밖으로 보내 허리에 당겨 붙인다.

1 입문의 장

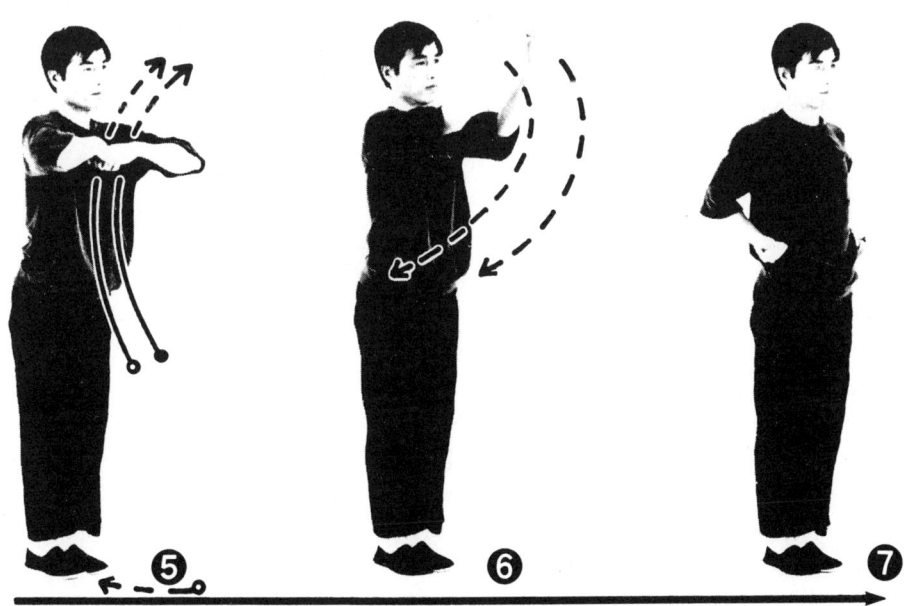

49

1 입문의 장

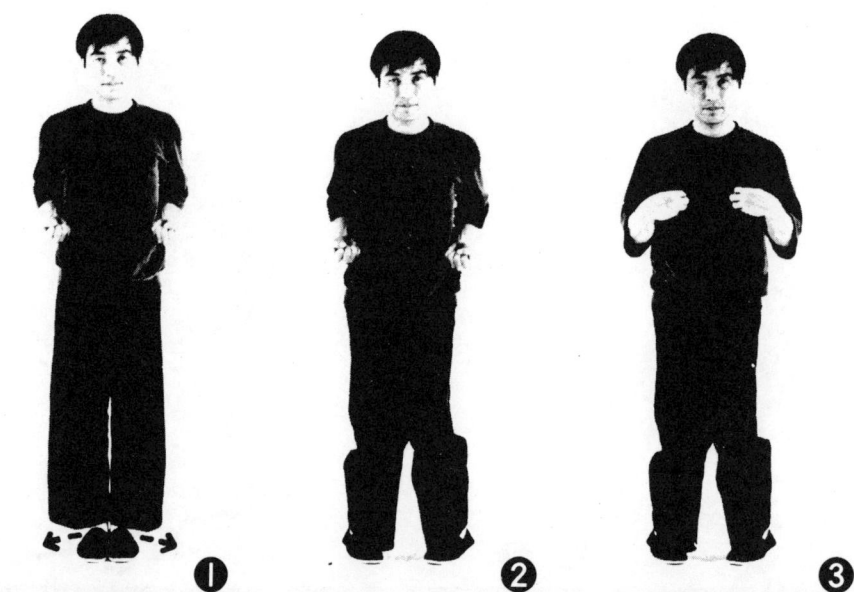

2. 학수(鶴手) 단련법

❶ 다리를 모으고 양권을 허리에 대비한다.
❷ 힘을 모아 발꿈치를 밖으로 벌려 팔자 모양으로 하고, 허리를 내리고 무릎을 대고 선다.
❸~❹ 다섯 손가락을 모아 "학의 부리"모양으로 하여 천천히 힘을 넣어 앞으로 찌른다. 어깨를 밑으로 내리고 팔꿈치를 내려 전신에 힘을 주어야 한다. 다소 등이 둥글게 되어도 좋다. 단, 숨을 죽이면서 힘을 주면 뇌를 상하게 하므로 코로 조금씩 숨을 쉬면서 한다.
❺ 호흡을 하면서 힘을 넣고, 천천히 양손을 가슴에 당겨 붙인다.
❻ 힘을 넣어 양손을 좌우로 재빠르게 벌린다.
❼~❽ 좌우로 숨을 쉬면서 힘을 주어 천천히 벌리고, 또 천천히 되돌아가 이것을 여러번 되풀이한다. 눈을 단련시키기 위해 얼굴을 움직이지 않고, 벌릴 때 오른손을 보고, 숨을 쉬면서 되돌아 갈 때 왼손을 본다.

1 · 입문의 장

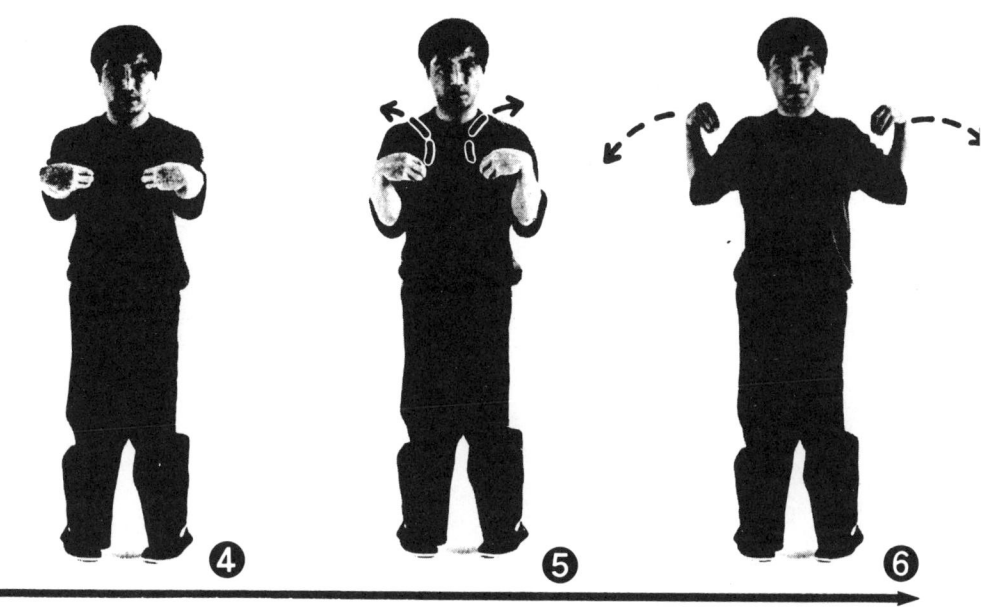

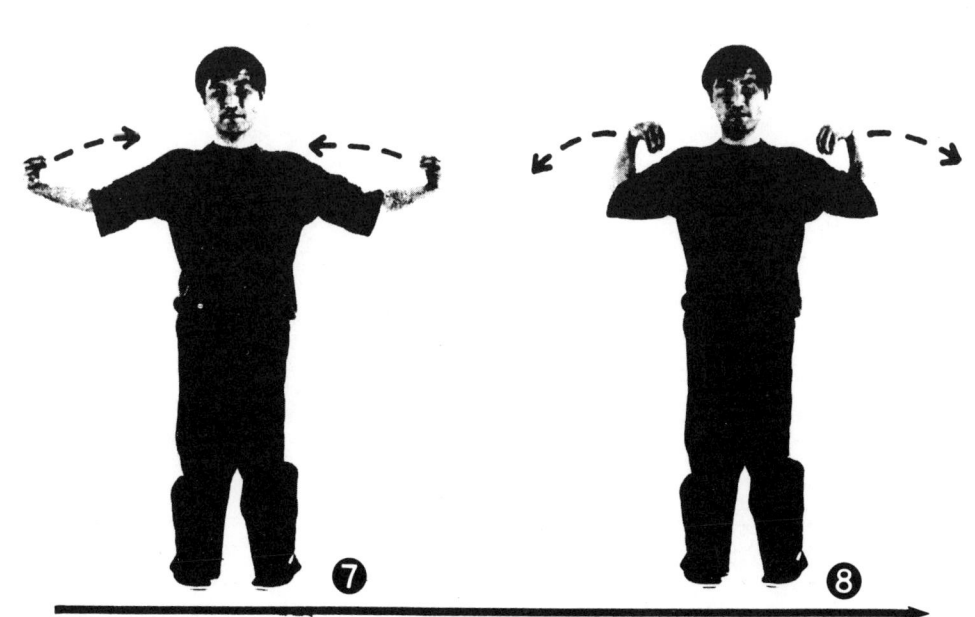

1   입문의 장

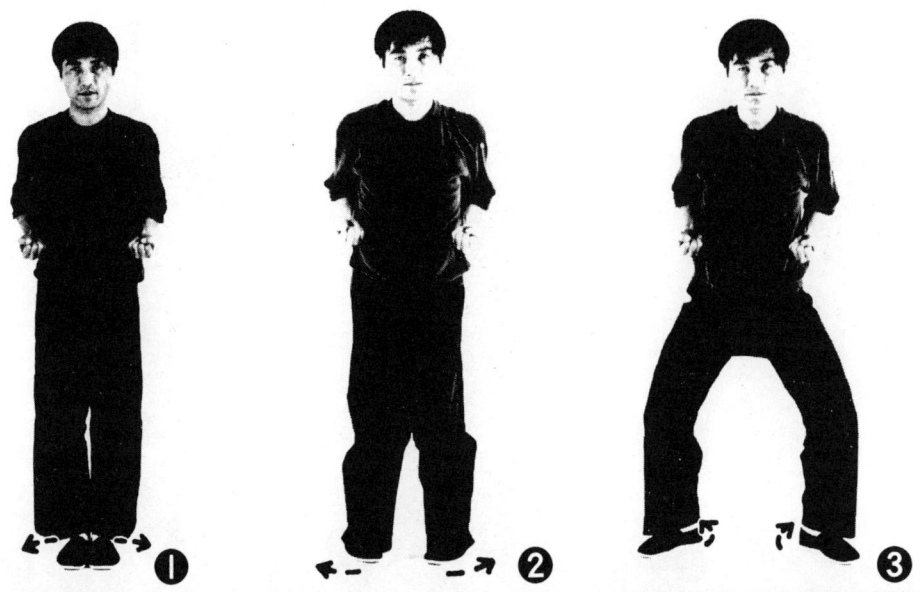

3. 쌍룡 출해(双竜出海)

❶ 우선 다리를 오므리고 서서 다음과 같은 요령으로 마보로 한다.
❷ 뒤꿈치를 밖으로 벌린다.
❸ 발끝을 밖으로 벌린다.
❹ 다시 뒤꿈치를 밖으로 벌린다.
❺ 다시 발끝을 밖으로 벌린다.
❻ 뒤꿈치를 똑바르게 하여 마보로 한다.
❼ 힘을 주어 양권을 위로 찌른다.
❽ 양 팔꿈치를 세차게 좌우로 벌린다.

1 입문의 장

53

1 입문의 장

❾ 권을 벌려 천천히 양손바닥을 아래로 내민다. 어깨를 좁혀서 힘차게 한다. 몸보다 조금 전방(前方) 아래 방향으로 밀어낼 것.
❿ 양 손바닥을 딱 붙이듯이 합장한다.
⓫ 팔꿈치를 힘껏 내린 상태로 양손을 좌우로 천천히 벌린다.
⓬~⓭ 양손을 허리에 댄 후 양 겨드랑이 쪽으로 올린다.
⓮ 다시 천천히 양손을 밀어낸다. 손가락 끝 특히 인지는 똑바로 아래로 향한다. 다시 ⑫로 돌아가 적어도 3회는 반복. 이 동작이 쌍룡 출해이다.
　① 부터 ⑪ 까지하고 ⑫ 이후의 쌍룡 출해를 3회 반복하면 다리가 상당히 아플 것이다. 또 팔꿈치와 손목을 힘껏 굽혔기 때문에 손목이 굳은 사람은 손을 밀어내는 동작도 아주 괴로운 것이다. 이 쌍룡 출해에 의해 팔, 허리, 다리 세우기를 충분히 단련할 수 있다. 호흡은 손을 당겨 붙일 때 들이 쉬고, 내밀때는 내뿜는다. 동작에 힘을 넣지만, 호흡은 코로 부드럽게 쉰다. 학수 단련법과 대칭적인 훈련이다.

1 입문의 장

55

1 입문의 장

4. 학수(鶴首) 받기

❶ 마보로 하여 양권을 허리에 준비한다.
❷ 왼손바닥을 찌른다. 팔꿈치를 내리며 작고 무겁게 찌른다.
❸ 왼손을 친 손의 위치에서 우측 아래쪽으로 누른다. 누른 손을 너무 몸에 가깝게 해서는 안된다.
❹ 왼손을 누른 손 위치에서 다섯 손가락을 모아 손목을 구부리면서 튀겨 올리듯이 받는다.

다음에 오른손으로 반대 동작을 연습한다.
단교수(短橋手)의 훈련에서는 너무 속도에 구애받지 말고 한 가지씩 근육의 움직임을 확실히 하면서 할 목적으로 차분하게 단련해 나가는 것이 중요하다.

1 입문의 장

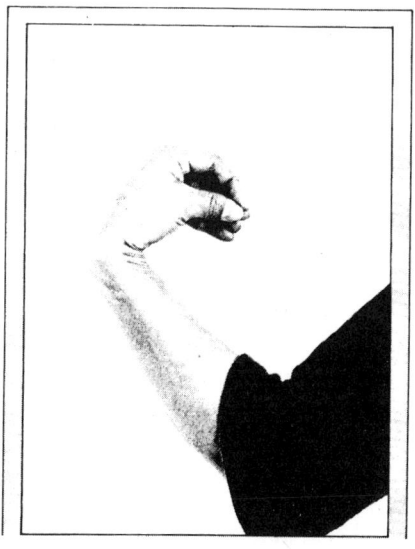

④의 확대도

57

1 입문의 장

5. 소익수(小翼手)

❶ 일단 왼손을 가볍게 우측 방향으로 올린다.
❷ 손목을 굽히면서 비스듬히 끊어 내리는 목적으로 왼손을 허리에 당겨 붙인다.
❸ 다섯 손가락을 작게 구부리고 손목을 힘껏 굽혀 약간 비스듬한 앞 방향으로 쳐 올린다.
❹ ②와 같은 요령으로 왼손을 허리에 당겨 붙인다.
❺ 즉시 앞 방향으로 팔꿈치를 내려 관수(貫手).
　관수 : 손을 번갈아 위로 올리는 방법

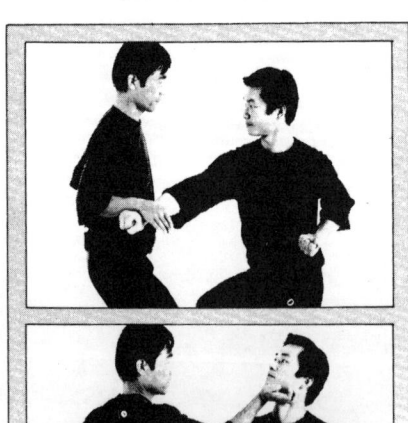

시의도(②③의 용법)

1 입문의 장

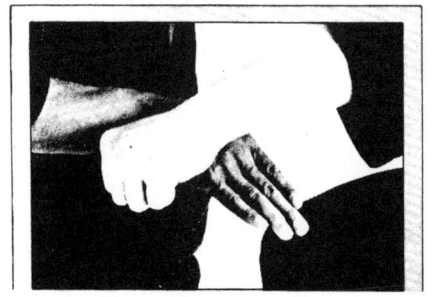

시의도 (④의 용법)

59

1 입문의 장

6. 남파 소림의 찌르기

① 다리를 모으고 서서 왼발을 힘차게 내딛고 허리를 내려 왼손 엄지쪽을 오른쪽 겨드랑이에 댄다.
② 허리를 세게 회전하여 좌교수(左橋手)를 왼쪽으로 떨군다. 팔꿈치를 한껏 내린다.
③ 우권을 강하고 짧게 쳐낸다.
④~⑥ 일보 전진하여 반대동작.

서는 방법은 북파보다 전후 폭이 짧고, 좌우의 폭은 어깨넓이 정도로 벌린다.

1 입문의 장

1 입문의 장

7. 단교수(短橋手)의 상대 훈련

남파식의 궁보로 서로 무릎을 마주대고 서서 교수를 좌우로 번갈아 한다. 힘을 넣어 서로 겨루지만 손 이외는 고정시키어 몸의 반동을 사용하지 않도록 힘쓴다. 좌우 교대로 단련한다(①~②).

1 입문의 장

8. 당천포(当天砲)

❶ 일단 마보로 하고, 양권을 허리에 댄 후에 왼쪽으로 허보로 한다. 그리고 동시에 우권을 후방하단으로 대비한다.

❷~❸ 궁보로 하고 아래쪽부터 팔꿈치를 힘껏 굽혀서 우권을 쳐올린다. 소위 어퍼커트(uppercut)이다. 잠시 오른쪽 기술을 되풀이하고 마보로 돌아가서 반대 기술을 연습한다.

1 입문의 장

9. 학수 추격(鶴首捶擊)

❶ 마보에서 궁보로 바꾸면서 왼손을 왼쪽 방향으로 대비한다.
❷ 왼쪽에서 치켜 올리듯이 팔을 구부려 받는다.
❸ 받은 위치에서 왼쪽 손바닥을 전방으로 뻗는다.
❹ 왼쪽 손바닥을 꽉 쥐듯이 세게 허리에 대고 마보로 하여 우권을 친다.

용법의 시의도 ①

1 입문의 장

65

1 입문의 장

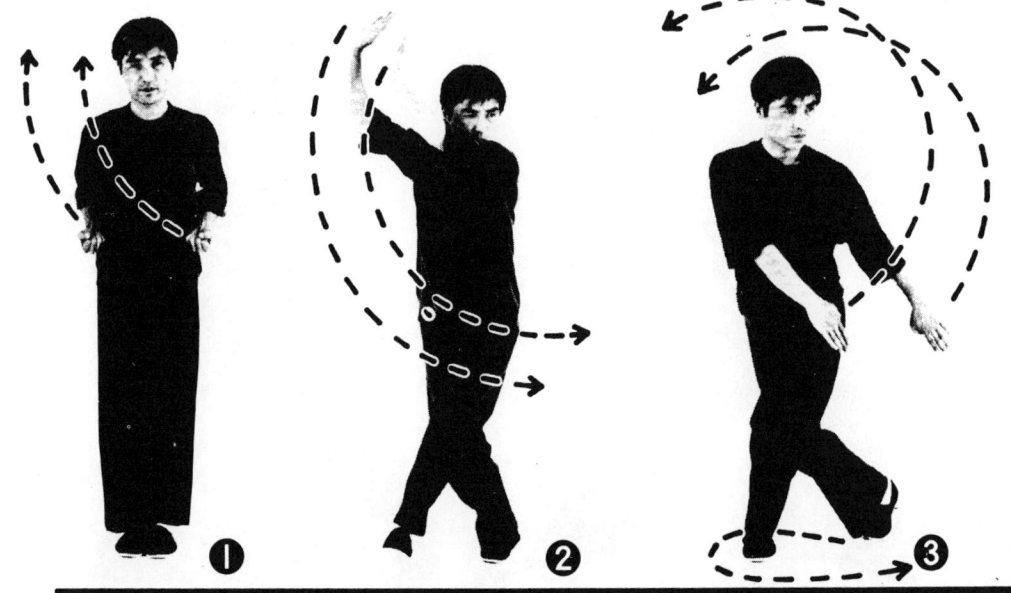

10. 호접장(蝴蝶掌)

❶ 오므리고 선다.
❷ 일단 양손을 위로 올리고 왼발로 오른발 앞으로 둥글게 내디딘다.
❸ 오른발을 힘껏 내딛음과 동시에 양손을 왼쪽 하단으로 떨군다.
❹ 오른발을 둥글게 왼발 앞으로 내딛으면서 양손을 왼쪽부터 위로 선회한다.
❺ 오른발을 힘껏 내딛고 양 손바닥을 대칭적으로 오른쪽 겨드랑이에 댄다.
❻ 왼발을 한보 비스듬히 대고 허리에 힘을 모은다.
❼ 양손바닥을 허리를 비틀면서 자기 몸의 중심선 정면방향으로 쳐낸다. 왼손바닥은 상대방의 중단, 오른손바닥은 아랫배에 댄다.

1 입문의 장

1 입문의 장

용법의 시의도 ①

❽~⓬ 발은 둥글고 작게 갈지(之)자형 으로 되풀이하고 오른쪽 비스듬히 반대 기술을 사용한다. 호접장은 남파 소림의 전형적인 기법이다.

1 입문의 장

1 입문의 장

6. 장교수(長橋手)의 연습

―팔을 길고 빠르게 사용하는 훈련

1. 어깨를 유연하게 하는 운동

❶ 허리를 내리고 다리를 오므려 선다. 양손은 딱 허리에 댄다.
❷ 왼발부터 조금 멀리 다가서는 걸음으로 전진하여 마보로 한다.
❸ 궁보로 하고 오른쪽 어깨를 될 수 있는대로 왼쪽으로 비틀어 내린다. 이대로 잠시 움직이지 않는다. 등에서 어깨에 걸쳐서 비스듬히 기력을 죄고, 어깨가 아래쪽으로 조금씩 내려가는 듯이 의식한다.
❹ 다시 정면으로 마보로 하여 왼쪽 어깨를 세차게 아래쪽으로 좁혀 내리고, 잠시 그대로 자세를 취하고 왼발을 당겨서 ①의 자세로 돌아간다. 몇 걸음 왼쪽 앞으로 다가서서 같은 요령으로 되풀이하고 나서 오른쪽으로 돌아서서 반대동작을 단련한다.
　또한 참고도와 같이 어깨를 지점으로 팔꿈치를 편 채로 양손을 앞에서 뒤, 뒤에서 앞으로 선회시키는 운동도 중요하다. 어깨는 손의 일부이다. 팔을 길게 한다는 것은 어깨를 유연하게 하는 것과 다름없다.

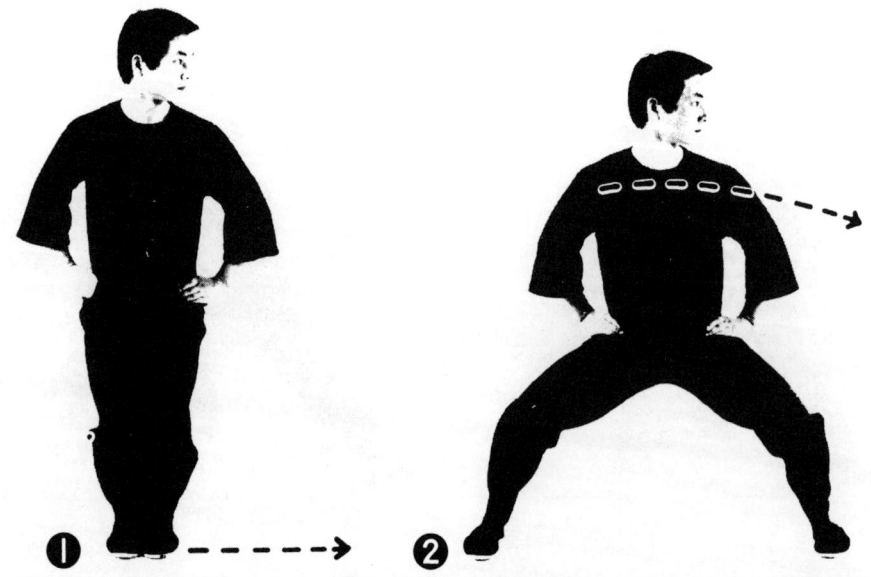

1 입문의 장

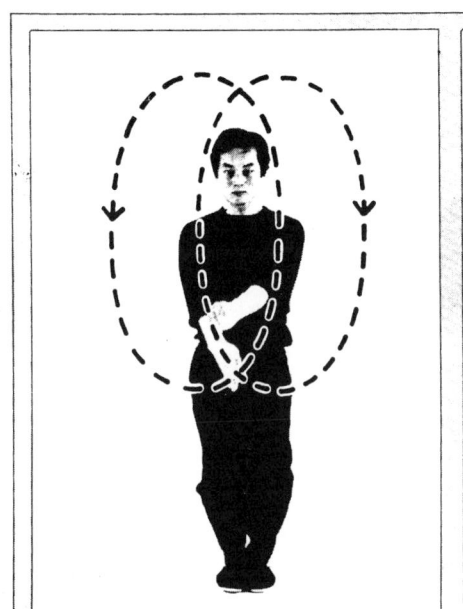

참고도 : 어깨를 부드럽게 한다 (팔의 선회)

1 입문의 장

2. 삽추(挿捶)의 기본 훈련

❶ 양손을 허리에 대고 다리를 오므리고 선다.
❷ 왼발부터 되도록 왼쪽으로 멀리 뛰어 들어가고 오른발을 당겨 붙여 딱 마보로 한다. 이렇게 다가서는 걸음으로 뛰어드는 마보를 "표마(標馬)"라고 한다.
❸~❹ 일단 우권을 귀 옆으로 올리고, 세운 다리를 궁보로 바꿔 우권을 앞으로 비틀어 넣듯이 찔러 넣는다. 이 자세로 잠시 정지.
❺ 다시 마보로 하면서 좌권을 비틀어 넣듯이 찌른다. 잠시 이 자세를 유지하여 74페이지의 연환 팔자(連環八字) 치기로 들어간다.
　익숙해지면 될 수 있는대로 동작을 부드럽게 연환시키고 스피드를 중시하여 연습한다. 또 삽추는 원래 "반지권(半皆拳)"을 이용하여 한다. (P110참조)
　(세운 다리를 바꿀 때는 허리의 꺾는 맛을 양성하기 위해 발바닥에 주의하여 빨리 변화시킨다).

1 입문의 장

④ ⑤

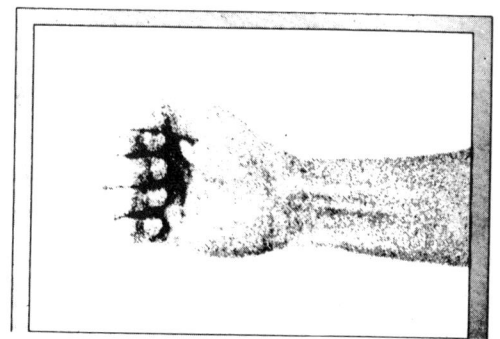

참고도 : 반지권

1 입문의 장

3. 연환 팔자(連環八字) 치기의 기본 훈련

❻　73페이지 ⑤의 자세에서 일단 왼손을 그대로 오른쪽 하단으로 옮긴다.
❼~❽　일단 오른쪽 상단으로 휘둘러 올리고 비스듬히 휘둘러 내린다. 권의 엄지손가락 쪽 또는 팔의 안쪽으로 쳐 떨어버리는 기분으로 한다.
❾~❿　일단 왼손을 왼쪽 상단으로 휘둘러 올린 후에 비스듬히 쳐 내린다. 다시 ⑦⑧의 동작으로 돌아가 어깨를 지점으로 팔을 팔자 모양으로 휘둘러서 되풀이하여 연습한다. 적당히 반복하고 나서, ⑧의 자세부터 손과 발을 거둬들여 ①로 돌아간다. 의식은 항상 팔 안쪽으로 둔다. 또 팔꿈치를 굽혀 스냅을 사용하면 어깨의 선회력을 양성할 수 없으므로 항상 팔꿈치는 편 채로 휘두른다.

1 입문의 장

중국권법과 어깨

　중국권법에는 어깨를 팔의 일부라고 간주하여 등에서 어깨를 통해 손가락 끝까지 기력을 일관시켜 유연하게 팔을 쳐내거나 혹은 채찍과 같이 휘둘러서 다채로운 기술을 사용하는 문파가 많다. 그러한 계통의 권법은 연습도 우선 어깨의 유연 동작부터 시작할 정도다. 또 힘을 넣어 팔을 짧고 길게 사용하는 것으로 유명한 남파 소림의 홍가문에서도 어깨를 결코 으쓱 치키게 하는 일 없이, 그 반대로 겨드랑이를 죄고, 어깨를 될 수 있는대로 아래 쪽으로 죈다. 따라서 중국권법을 연습하는 사람은 일반적으로 어깨가 소위 "민틋하게 내려온 어깨"로 되어 있고 얼핏 보아 팔이 길게 보이는 것이다.

1 입문의 장

4. 반장(反掌) 치기

❶ 다리를 오므리고 선다. 귀 밑에 우권을 왼쪽 손바닥에 대고 준비한다.

❷∼❸ 오른발을 내딛으면서 (또는 좁은 간격을 가상하여 왼발을 뒤로 당겨도 좋다) 우권으로 크게 뒤로 떨치면서 왼팔을 비틀어 왼손바닥을 중단 또는 하단으로 친다. 이것이 반장 치기이다. 익숙해지면 ④∼⑥의 팔자 치기와 맞추어 될 수 있는대로 스피드있게 연속시킨다.

1 입문의 장

❸

❺ ❻

1 입문의 장

5. 치켜 올려 치기

❶　우선 다리를 모으고 왼발을 왼쪽 전방으로 내딛으면서 양손을 크게 앞뒤로 벌린다.
❷~❸　왼쪽 비스듬히 궁보로 하면서 팔을 벌린 채 힘을 넣어 속도를 내고, 크게 상단으로 치켜 올려서 친다. 앞쪽 팔인 좌수는 오른손과 대칭적으로 후방으로 휘둘러 올리지만, ①의 동작을 상대방의 팔등을 떨쳐 올리는 기분으로, 또 ②의 동작은 상대방의 팔을 밑으로 떨어버릴 듯한 의식이 중요하다.
❹　우선 오른손으로 상대방의 팔에 휘감기게 하는 듯한 기분으로 밖으로 작게 돌리고 오른발은 오른쪽 비스듬히 내디딘다.
❺　③의 반대 동작을 한다. 비스듬히 앞으로 걸어나가 체중을 바꿔 옮길 때의 몸의 비틀기를 이용하면 기세있는 힘찬 치켜 올려 치기가 된다.
　　전진하면서 좌우 교대로 연습한다.

6. 권각 연속기(拳脚連続技)

❶ 다리를 오므리고 서서 왼발을 왼쪽으로 벌려 마보로 하면서 좌권을 오른쪽 허리에, 오른손은 왼쪽 팔꿈치 밖을 떨어내리듯이 옮겨 양손을 배 앞에서 교차시킨다.
❷ 오른손을 허리에 당겨 붙이면서 그 오른손의 안쪽에서 마치 칼을 뽑듯이 하여 왼쪽으로 좌권을 찌른다.
❸ 세운 다리를 마보로 바꾸어 우권을 찌른다.
❹ 허리를 내린 채 왼쪽 찌르기와 오른쪽 하단 차기를 동시에 한다. 십자 요음퇴(撩陰腿)라 부르는 중·하단의 동시 공격 기술이다. 차기는 발등으로 하단을 차 올리는 기술이므로 높이 차서는 안된다. 무릎의 스냅을 이용하여 허리 높이를 넘지 않도록 기술을 정한다.

1 입문의 장

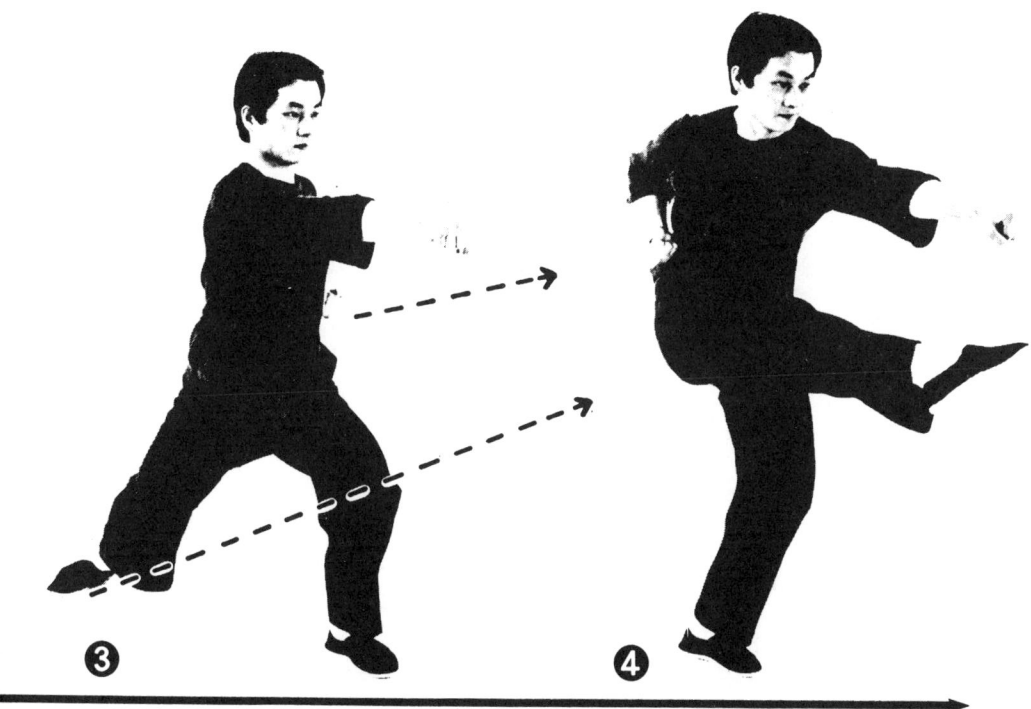

1 입문의 장

《비 권》

홍권(洪拳)의 전설 — 반역의 소림권

청나라 말에 격렬한 저항 운동을 전개한 비밀 결사 "천지회(天地会)"는 그후 손문(孫文) 등의 근대 혁명운동에 합류하여, 중국 혁명사에 이름을 남기게 되었는데 그 창시의 전설에「우리들의 천지회는 청나라 조정에 의해 소림사가 불타게 되었을 때, 살아남은 다섯 명의 고승에 의해 청조(淸朝) 정부타도, 명조국가 재건을 위해 조직된 것이다」라고 써 있다.

홍권 전설에 의하면, 이때 고승의 필두가 소림권의 달인 지선선사(至善禅師)이며, 그 밑에 홍희관·방 세옥 이라는 두 젊은 사형제(師兄弟)가 있었다. 홍희관은 복건성의 출신으로 처음에는 지선 선사를 따라 단교수의 훈련을 쌓아서 강건한 권법을 장기로 삼았으나, 청조정부에 편성된 내가권의 달인 풍도덕 및 스승인 무당산(武當山)의 백미도인(白眉道人)을 타도하기 위해 후에 학권을 도입하고 이어서 강유(剛柔) 모두 갖춘 호학 쌍형권의 형을 편성하여 홍권의 일파를 열었다고 한다. (홍권의 형으로써는, 이밖에 공자 복허권·철선권·소라한권 등이 유명. 이 책에서 소개한 단교수의 훈련법은 모두 소라한권을 배우기 위한 기초 훈련법이다.)

혈기 왕성한 남방의 중국인은 어려서부터 이러한 홍권의 피끓는 권호(拳豪)의 이야기를 들으면서 자랐다. 근년 홍콩에서 상영된 권법영화중 소림권에 관한 것은 이 홍권 전설을 각색한 것이 많다. 홍권의 역사를 더듬어 보는데 있어서 우선 나는 이러한 권법 영화의 원작을 구하는 데부터 출발했다. 그래서 대부분의 원작이 아시산인(我是山人)이라는 필명을 가진 대중 소설가의 오래된 작품이라는 것을 알았다. 그는 실재의 무술가와의 교류가 깊고, 일찌기 홍콩에 홍권을 보급한 임 세영(林世栄)과 특히 친했다고 한다. 지금도 홍콩에서의 홍권은 임세영의 계통이 가장 많다. 임 세영의 스승은 근대 남방의 권호로서 유명한 황 비홍이다. 소 한생 노사가 홍권을 배웠던 풍 영표도 이 황 비홍의 직계 문하이었다. 황 비홍은 만년에 홍콩에서 살다가 그곳에서 세상을 떠났으나 그의 부인은 그 후에도 오랫동안 홍콩에서 살았을 것이며, 나도 사진을 본 적이 있지만 그러나 지금은 그녀의 소식도 알 길이 없다. 그리고 아시산인의 소설도 실제로는 청조시대의 무협 소설「만년청(万年青)」의 소림권 이야기에 의거한 것 같다. 내 자신은 아직 확인할 수 없는 상태이지만,「복건 천주부지(福建泉州府誌)」에「홍 희관은 곧잘 한 권으로써 사람을 죽음에 이르게 했다」라는 기술이 있다고 한다.

2 초기권의 장

— 남북 소림의 "정화권"

초기권이란?

소 한생 노사

남북 소림의 "정화권(精華拳)"

초기권은 소 한생 노사가 광주 정무회에서 반생 동안 배운 탄퇴(彈腿)·당랑(螳螂)·응조(鷹爪)·나한문(羅漢門)의 북파 소림권 4문과 홍권(洪拳)·채리불(蔡李佛)의 남파 소림권 2문의 각 기법의 기본을 맞추어 창편(創編)된 초기 선도의 입문형이다.

일반적으로 초기권으로 부르고 있지만 소노사는 이 형을 정식으로는 "힐화권(擷華拳)"이라 붙였다. "남북 소림권의 정화를 전하는 권법의 형"이라는 의미이다.

임 장송 선생에 의하면 이 형에는 소노사가 일찌기 사사했던 각 문파의 선생을 기념하는 생각이 담겨져 있다고 한다. 형(型)으로써는 소노사가 창편한 것이지만 모든 동작이 각 문파의 선인들이 각각 오랜 수련 끝에 연마하여 완성시킨 것들 뿐이며, 그런 뜻에서도 유파를 초월한 이상적인 입문형이라고 말할 수 있겠다. 소 일문에서는 정무회의 규정대로 기초훈련 후에 꼭 이 형을 배우기로 되어 있다.

초기권은 일(一)자의 연무선상을 세 번 왕복한다. 다시 말해서 합계 6로(六路)로 이루어진 형이다. 전반의 4로는 탄퇴의 기본기를 중심으로 하는 북파의 소림계로써 제5로가 홍가권, 제6로는 채리불파의 장기 기술이다. 따라서 전반의 4로는 기본대로 평온하게 수족을 사용하고, 제5로에서 차분하게 실연하며, 마지막 제6로는 촉박한 기분으로 될 수 있는대로 빠르고 날카롭게 하여 형을 마무리 한다.

2 초기권의 장

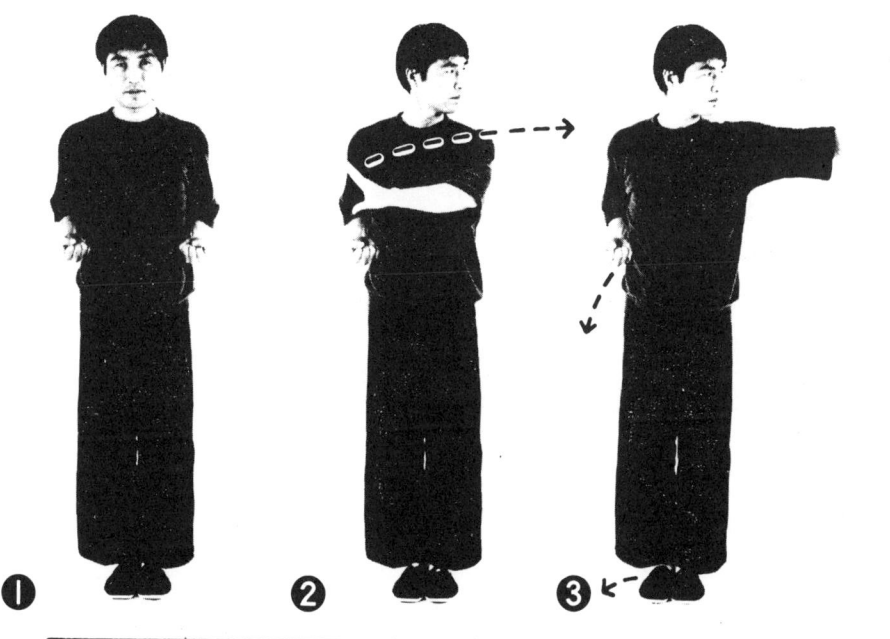

제1로

1. 회권 (돌려 치기)

❶ 다리를 오므리고 서서 양권을 허리에 당겨 대고 "준비"자세.
❷~❸ 왼쪽으로 얼굴을 향하고 엄지와 네손가락 사이를 크게 벌려 상대방의 팔을 잡듯이 왼쪽으로 편다. 기술을 정할 때는 손가락을 작고 세게 구부려서 응조수(鷹爪手)로 한다.
❹~❻ 상대방을 잡아 당기면서 권안(拳眼 : 권의 엄지쪽)으로 돌려 친다. 오른쪽 가슴 앞에서 멈춘다.

85

2 초기권의 장

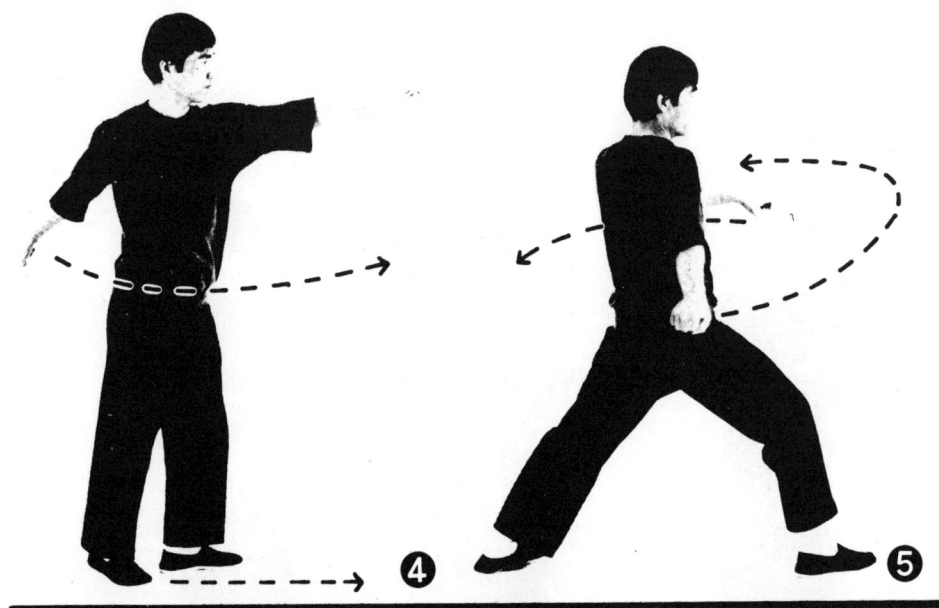

2 초기권의 장

2. 순번거권(順翻車拳)

❼ 우권을 오른쪽 가슴부터 머리 위로 휘둘러 올린다.
❽~❿ 양팔을 뒤부터 앞으로 연속적으로 휘두른다.

어깨를 지점으로 팔을 편 채로 될 수 있는대로 빨리 휘두른다. 세운 다리를 고정시켜 어깨를 포함한 팔 이외에는 조금도 움직여서는 안된다.

권을 부드럽게 쥐고 호흡을 코로 조금 내쉬면서 휘두르면 편하다. 연무를 할 때는 다섯번째인 ❿에서 정지.

2 초기권의 장

3. 역번거권(逆翻車拳)

⑪~⑫ 우선 우권을 거꾸로 튀겨 올리고 나서 양팔을 밑에서 위로 연속적으로 휘두른다.
　　손·어깨 외에는 세운 다리를 고정시키고, 몸의 중심선이 흐트러지지 않게 한다.
⑬ 적어도 4 회는 연속시키고 5 회째는 우권을 팔꿈치부터 구부려서 오른쪽 가슴 앞으로 거둬 들인다.

4. 도약 전진

⑭~⑯ 발목의 탄력성을 이용하여 부드럽게 도약 전진한다.

2 초기권의 장

5. 번거권 (순·역)

❶⑦~❶⑧ ⑦~⑬과 같은 요령으로 순번거권, 역번거권을 한다.

2 초기권의 장

6. 걸어 치는 천심권(穿心拳)

⑲~㉑ 번거권의 수세(収勢)에서 우선 우권을 앞으로 펴서 권 등으로 아래쪽으로 쳐 내리면서 좌권으로 중단을 찌른다.

91

2　초기권의 장

제2로

7. 추각 연격(捶脚連擊)

㉒ 뒤쪽으로 돌아서서 좌권을 오른쪽으로 준비하고 우권으로 왼쪽 팔꿈치의 　밖으로 떨어 내리듯이 준비한다. 다음의 준비 동작이다.

2 초기권의 장

㉓ 곧바로 좌권을 오른팔 안쪽부터 마치 칼을 뽑는 듯한 느낌으로 왼쪽으로 쳐낸다. 이것을 와두권(窩肚拳)이라 한다.
㉔ 천심권(중단 찌르기를 일반적으로 "천심권"이라 부른다)이다.
㉕ 십자 요음각. 익숙해지면 ㉒~㉕를 연속적으로 하고 이어 반대동작 (㉖~㉙).

2 초기권의 장

제3로

8. 번신 벽권(翻身劈拳)

㉚ 우권을 허리에, 왼발을 오른쪽 무릎 옆으로 가져온다.
㉛ 곧바로 뒤쪽에서 찌르기를 가상하고 우선 가볍게 왼손바닥을 머리 위로 올려 몸을 비틀어 도약. 부드럽게 높이 뛴다.
㉜ 땅에 내딛음과 동시에 권퇴(拳槌)를 쳐 내린다.

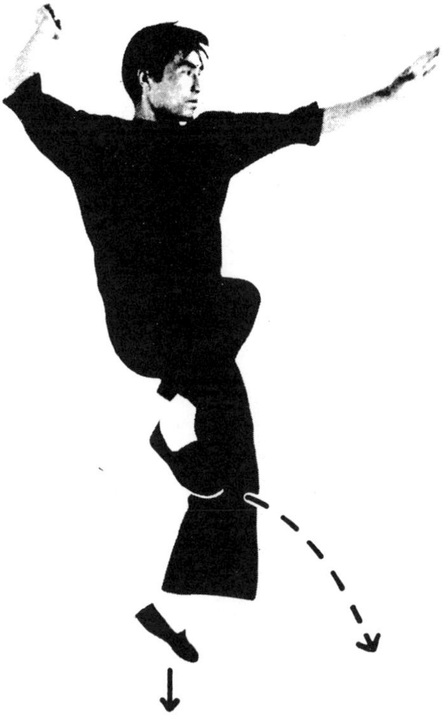

2 초기권의 장

9. 좌천심권

㉝ 좌권으로 중단을 찌른다.

10. 액하권(腋下拳)(우)

㉞ ㉝의 찌른 손을 붙잡혔다고 가상하여 기마(騎馬) 서기로 하면서 우권을 아래부터 왼쪽 허리 앞으로 찔러 넣는다.

㉟ 손을 좌우로 힘껏 휘둘러 벌린다. 왼손을 빼내면서 우권으로 상대방의 겨드랑이 밑 등을 공격하는 기술이다.

2 초기권의 장

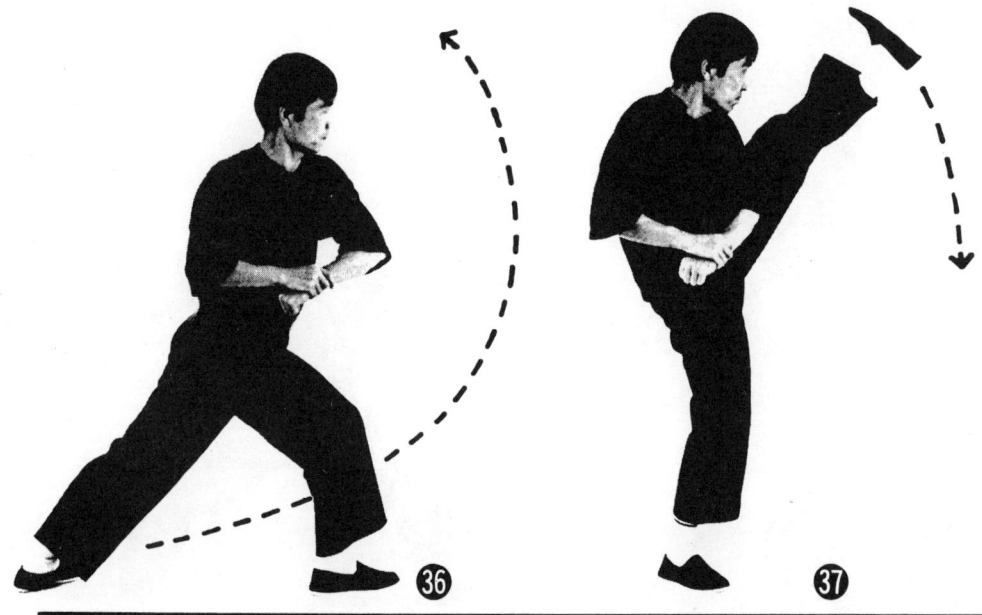

11. 박주 등각 (迫肘蹬脚) (좌)

㊱ ㉟에서 몸을 비틀어 앞으로 왼손 팔꿈치를 쳐낸다. 오른손은 동시에 왼손목을 강하게 쥔다.
㊲ 곧바로 등각(형에서는 높이찬다. 무릎의 스냅을 사용하지 말고 치켜 올리듯이 쳐 올린다).

12. 와두권 (窩肚拳) (좌)

13. 천심권 (우)

㊳~㊵ 연속적으로 한다.

14. 액하권 (좌)

㊶~㊷ 마보로 하면서 힘차게 좌우로 양손을 떨어버리듯이 쳐낸다.

2 초기권의 장

97

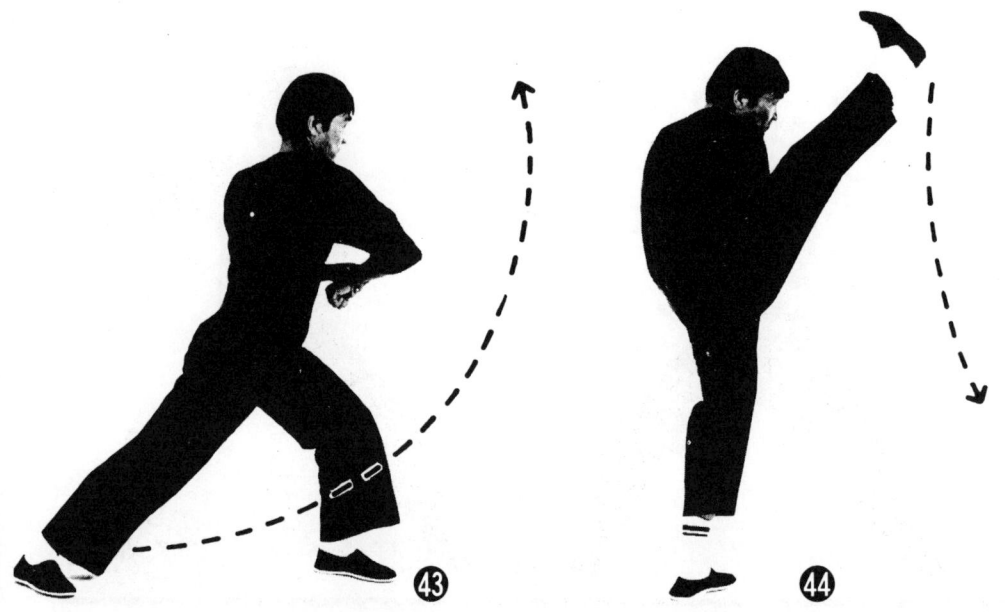

15. 박주 등각 (우)

㊸ 오른 팔꿈치를 쳐내고 왼손으로 오른손목을 꽉 쥔다. 왼손에는 상대방의 팔을 잡아당겨 상대방의 몸을 무너뜨리는 의미가 있다.

㊹ 이어서 오른발을 편 채 치켜 올리듯이 찬다. 실제는 팔꿈치 치기로 무너뜨린 상대방의 하단을 발꿈치로 차는 기술이다.

16. 부퇴 피세(仆腿避勢) (좌)

㊺~㊻ 오른발 딛음과 동시에 몸을 내려 부보로 하면서 좌권을 허리에 대고 우권을 밖으로 돌려 크게 휘둘러 올려 머리 위로 준비한다. 몸을 낮게 함으로써 상대방의 공격을 막는 일종의 몸 다루기이다. 왼손은 팔꿈치 받기의 의미가 있다.

제4로

17. 부퇴 쌍봉수(仆腿双封手) (우)

㊼~㊽ 왼발에 중심을 두고 오른발은 한 보 앞으로 나아가 상단 찌르기를 가상하여 양손을 완전히 벌려 안면을 통과시키고, 부퇴로 하면서 양손을 아래로 내린다.

2 초기권의 장

99

㊾

㊿

(51)

18. 연환 단타 (連環短打) – 1

㊾~㊿ 몸을 일으켜 궁보로 하면서, 양손은 ㊽의 위치에서 짧게 좌권·우권을 연달아 찌른다. 당겨낸 손은 찌르는 손의 팔꿈치 안쪽에 준비한다. 이 당긴 손에는 상대방의 팔을 누른다는 의미가 있으며 "복수(伏手)"라 부른다.

19. 부퇴 피세 (우)

(51) 다시 체중을 뒷발에 두고 부보로 하면서 우권을 허리에 대고 좌권을 크게 뒤쪽에서 휘둘러 올려서 머리 위에 준비한다.

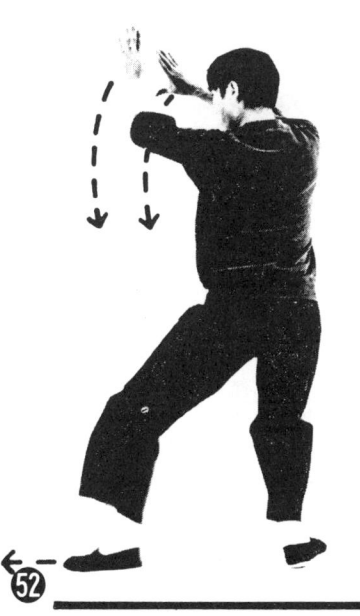

52

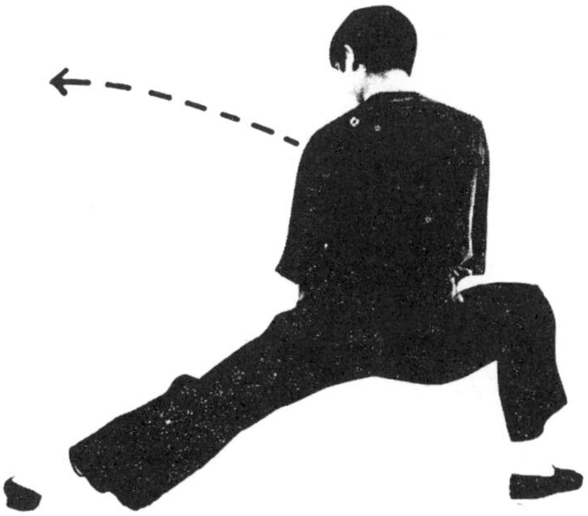

53

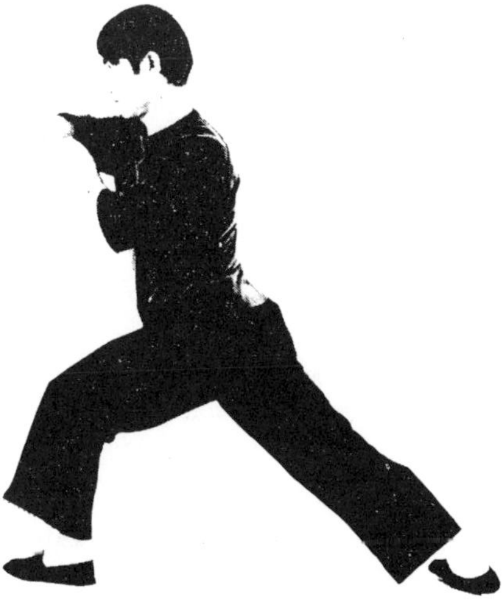

54

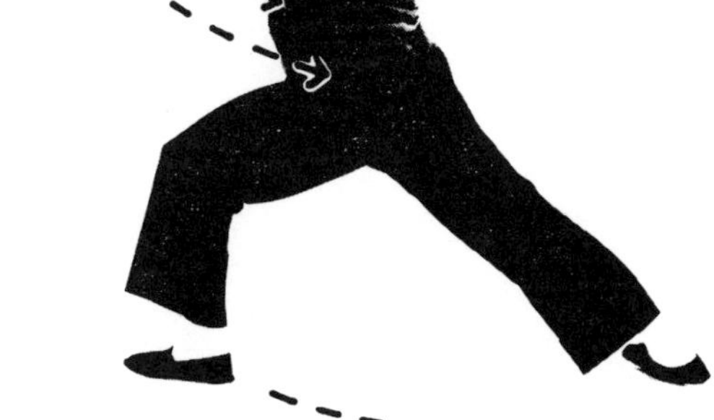

55

20. 부퇴 쌍봉수 (좌)

52~53 왼발을 가볍게 전진시키고 발바닥에 주의하여 강하게 몸을 낮춰 부보로 하면서, 양손으로 상대방의 팔을 잡아 누르듯이 아래로 내린다.

이 경우의 부보는 상대방의 세운 다리를 무너뜨리는 적극적인 의미가 있다.

21. 연환 단타－2

54~55 몸을 일으켜 궁보로 하여 작게 연달아 찌르기.

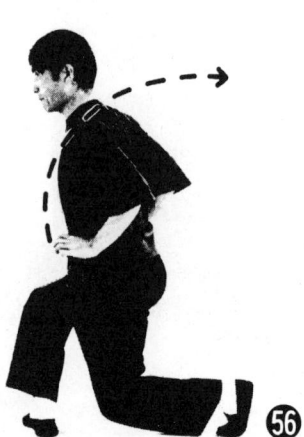

제5로

22. 궁보 호권 (우)

⑤⑥ 앞발을 한 보 후퇴시키면서 양손의 손가락을 얕게 구부려 힘을 넣고 〈이것을 호수(虎手) 또는 호조권(虎爪拳)이라 한다〉 양 허리에 댄다.

⑤⑦ 발의 위치는 그대로 뒤로 몸을 돌리면서 왼손을 가볍게 찔러 낸다.

⑤⑧ 오른쪽 호수에 힘을 넣고 문질러 올리듯이 반원을 그리면서 상단으로 쳐 올린다. 오른손을 아래쪽으로 반원을 그리면서 허리에 당겨 붙인다.

23. 쌍익수

⑤⑨~⑥⓪ 일단 양손을 교차시킨 뒤, 허보로 하여 양손을 좌우로 벌린다.

24. 사수(蛇手) 분각 (우)

⑥①~⑥③ 양손을 왼쪽부터 선회하고 역반신으로써 받아 넘기고 곧바로 분각.

2 초기권의 장

⑥⓪의 정면도

25. 궁보 호권 (우)

㉔~㉕ 오른발을 내딛으면서 양손을 호권으로 바꾸고, 완전히 궁보로하여 왼손을 쳐 올린다. 홍가문의 장기 기술이므로 남파식 궁보로 팔에 힘을 주어 짧고 무겁게 기술을 사용한다.

26. 쌍익수

㉖~㉗ 일단 양손을 하단에 교차시키고 나서 허보로 하면서 팔꿈치를 몸쪽으로 당기고 양손을 완전히 밖을 향해 좌우로 벌린다.

27. 사수 분각 (좌)

㉘~㉚ 역반신에 허리를 내리면서 양손을 왼쪽으로 돌려 선회시켜 상대방의 찌르기, 차기를 받아 넘기면서 곧바로 분각한다.

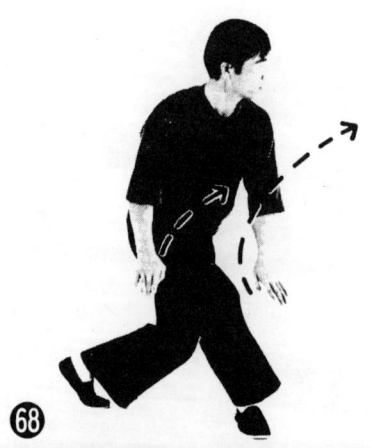

2 초기권의 장

28. 궁보 호권

⑦~⑫ 왼발을 내딛으면서 양손을 호권 으로 바꾸고 양발에 힘을 넣어 궁보로 하여 오른손을 문질러 올리듯이 찔러 올린다. 왼손은 할퀴듯이 힘을 넣어 허리에 당겨 붙인다.

제6로

29. 금라 단란수 (擒拿単攔手)

⑬~⑭ 뒤쪽으로 돌아서서 마보로하면서 왼손으로 가상의 상대방 팔을 잡는다. 잡은 손은 호권보다 더 깊게 다섯 손가락을 굽힌다.

⑮~⑯ 오른손은 그대로 왼발을 전진시켜 마보로 하면서 일단 왼손을 오른쪽 상단으로 휘둘러 올리고 나서 허리를 낮춰 왼손을 뒤쪽으로 내린다 (좌단란).

⑰~⑲ 왼발을 바꾸어 디디고, 일단 양손을 오른쪽으로 보내며, 왼손으로 우선 상대방을 잡고 전진하여 우단란.

30. 걸어 치는 관수

⑧⓪~⑧② 일단 몸을 왼쪽으로 비틀고 오른쪽으로 걸어 치기 준비. 동시에 왼손을 허리에 당겨서 검지(劍指 : 두개의 관수) 준비 ⑧⓪를 하고 나서 우권으로 크게 걸어 치기를 하면서 왼손으로 상단을 찌른다.

31. 연환 팔자 치기

⑧③~⑧④ 손목을 아래쪽으로 구부리고 어깨를 지점으로 왼손을 크게 밑에서 한 번 회전시켜 가상의 상대를 잡는다.

⑧⑤ 곧바로 마보로 하면서 왼손으로 상대방을 아래쪽으로 잡아 당기고 오른손을 편 채로 크게 비스듬히 쳐 내린다(이것을 "소추(捎捶)"라 한다).

⑧⑥ 곧바로 궁보로 하여 오른손을 비스듬히 쳐 올린다("표당(摽撞)"이라 한다)).

2 초기권의 장

2 초기권의 장

32. 삽추연격(揷捶連擊)

87~89 우선 앞발을 가볍게 반보 당겨 양손을 뒤쪽으로 휘둘러 버리고, 그 기력을 이용하여 앞쪽 무릎을 올리면서 양손을 귀밑으로 준비〈왼쪽은 손바닥, 오른쪽은 반지권(半指拳)—정식으로는 "강지(畺指)"라고 한다〉.
앞발부터 될 수 있는대로 멀리 빠르게 다가서는 발로 뛰어 들어가고, 오른쪽 반지권을 비틀어 넣듯이 찌른다〈"음삽(陰揷)"〉.

90~92 곧바로 앞발을 올리고, 양손을 머리위로 올려 좌우로 벌리고 허리에 준비, 다가서는 걸음으로 뛰어들어 오른쪽 반지권을 찌른다〈"양삽(陽揷)"〉. 음(陰)·양(陽)의 삽추를 연환시키어 상대방을 몰아 넣는 듯한 기분으로 한다.

110

⑧⑨

⑧⑧의 정면도

⑨⓪의 정면도

⑨①

⑨②

33. 좌와두권

⑨③~⑨④ 뒤쪽으로 돌아서서 좌권을 오른쪽 허리에 준비하고 오른손은 위에서부터 왼쪽 팔꿈치 밖을 떨어내리듯이 준비하며, 곧바로 왼쪽 손바닥을 안쪽부터 쳐낸다.

34. 우와심권

⑨⑤ 발바닥에 주의하여 완전히 마보에서 궁보로 하면서, 허리를 바꾸는 힘을 이용하여 우권을 중단에 찌른다. (북파 소림의 중단 찌르기는 일반적으로 어깨와 수평으로 찌른다).

와두권→와심권은 소위 원 투 스트레이트와 같은 연속 기술이다.

35. 수세 (收勢)

⑨⑥~⑨⑨ 일단 좌권을 작게 휘둘러 올려, 권의 등(이권)으로 오른손등을 치면서 앞발을 당기고 양손을 뒤쪽으로 휘둘러 벌려 귀밑으로 올렸다가 그대로 양쪽 넓적다리 앞으로 내린다.

2 초기권의 장

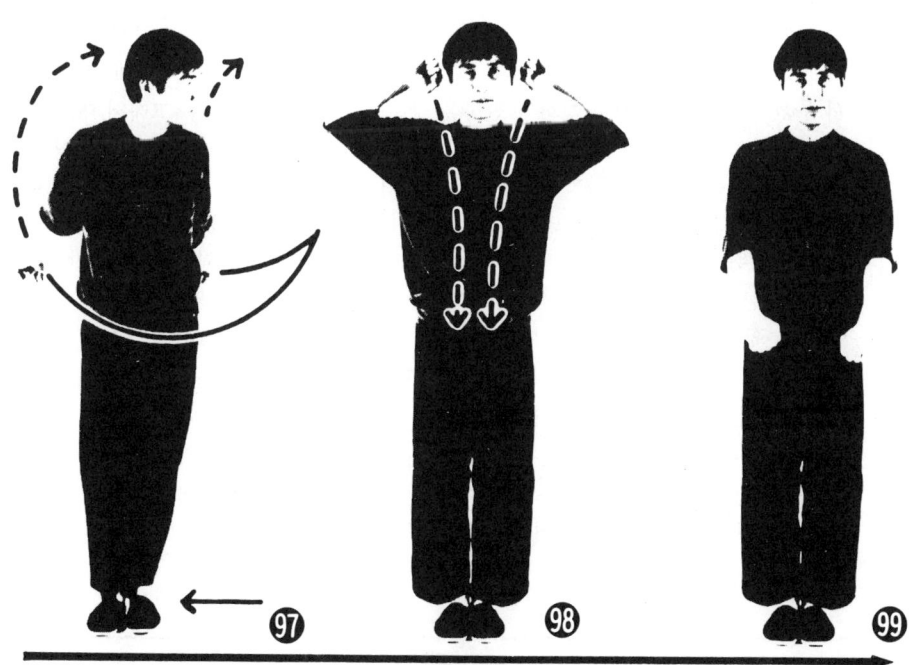

초기권의 분해 연구

1. 회권 (돌려 치기)

상대방을 당겨 붙여 권안(권의 엄지 손가락쪽)으로 관자놀이 등을 돌려 찬다.

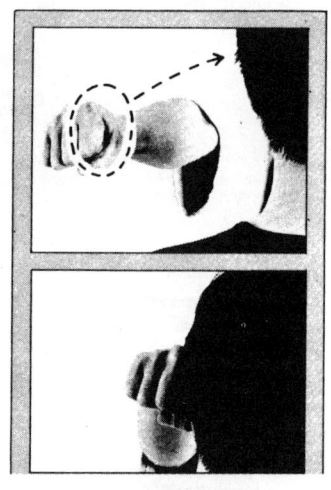

확대도 (돌려치기)

2. 순번거권

상대방을 찌르기 혹은 차기 등을 아래쪽으로 쳐 떨어버리고, 상대방의 몸을 무너뜨리면서 팔·어깨·머리 등을 찬다.

3. 역번거권

　상대방이 찌르기 등을 받아서 반격하려고 할 때 등에 즉시 자기는 또 한편의 손을 쳐올려서 상대방의 받는 손을 떨어버리고 우권을 짧게 쳐올려서 결정한다 (사진 예).

　혹은 연환단타 따위로 연속적으로 공격을 받았을 때 자기도 연속적으로 팔을 선회하여 상대방의 연속 찌르기를 튀겨 올리고 쳐올리거나, 차기 따위로써 반격할 기회를 만든다.

　또 순역(順逆)의 번거권을 맞추어서 기술을 사용할 수도 있다.

　예를 들어 일단 역번거로써 연속적으로 치켜올린 뒤, 상대방의 팔 따위를 붙잡고 또 한편을 순간적으로 위에서 아래로 휘둘러 내려 팔·머리 등을 친다.

　이것은 상대가 자기 팔·가슴 등을 붙잡으려 할 때도 사용할 수 있다. 다시말해 일단 위로 튀겨 올려서 그 반동의 힘을 이용하여 순식간에 반대쪽의 손을 반대로 돌려 쳐내리는 것이다.

4. 와두권

"와두권"은 굳이 직역하면 "배를 감추는 권"이 된다. 양손을 교차시켜 배를 가리듯이 준비한 후 찌를 곳을 형용하고 있는 것일 것이다. 손·발의 기술을 다같이 장기로 삼고 있는 탄퇴문(彈腿門)계의 기본기이다. 그러나 용법은 상대방의 차기·찌르기 등을 약간 몸을 다루면서 들어가서 찌르는 실용적이고 어려운 고급 기술이다.

준비할 때 또 한쪽의 손을 찌르는 손의 팔꿈치 바깥쪽을 떨어 버리듯이 하며 내리는 것은 팔꿈치 따위를 누르려고 한 상대방의 팔을 떨어 버리려는 의미이기 때문이다.

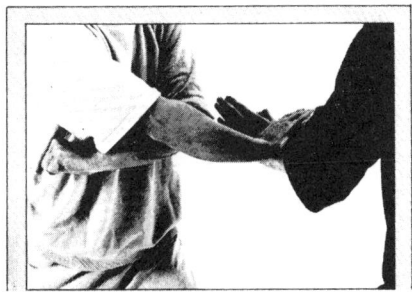

시의도(왼손의 응용법)

5. 십자 요음퇴 (十字擦陰腿)

"요음퇴" 혹은 "요음각"이란, 하단을 발끝 발등으로 차올리는 기술을 말한다. 십자등 각과 같이 찌르는 손과 맞추어 사용하므로 십자 요음퇴라고 하는 것이다. 찌르기를 받게 되었을 때 즉시 손발을 동시에 사용하여 연속 공격한다. 찌르는 손과 동시에 차기를 사용하면 자기의 상체 특히 어깨에 차는 느낌이 들지 않도록 발을 낼 수가 있게 된다. 중국 권법에는 상대방의 어깨 움직임으로 차는 기미를 관찰하라고 일반적으로 가르치고 있다.

6. 번신 벽권

등 뒤에서 부터의 공격에 대하여 몸을 홱 돌리면서 도약하여 반격한다. 또 몸을 비틀어 내는 동작은 선풍각의 기초 훈련이기도 하다. 중국권법의 도약은 될수 있는한, 발목의 탄력을 유연하게 사용하고 호흡도 유연하게 한다. 코로 숨을 혹하고 가볍게 들이쉬고 휴하고 가볍게 내뿜으며 발 소리를 내지 않도록 부드럽게 내딛으면 쉽다.

7. 액하권

상대방이 손을 잡았을 때 등에 다른 한편의 손으로 아래에서부터 상대의 옆구리 따위를 세게 옆으로 치는 기술이다. 휘둘러 치기 전에 양손을 몸 앞에서 교차시키는 것은 원래 준비운동이기는 한데 가령 **오른쪽 사진례**와 같이 상대방이 손을 붙잡고 차기를 한 것을 안쪽에서 일단 받아 넘긴다고 생각할 수도 있겠다. 이 경우는 마보로 허리를 바꾸는 움직임이 중요한 몸다루기의 의미를 지니게 된다.

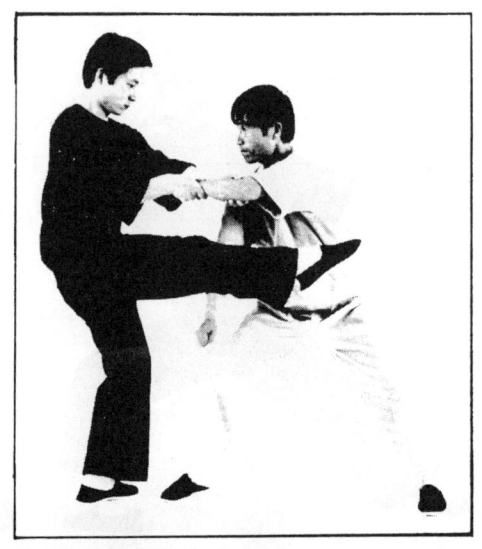

8. 박주 등각

형 속에서 팔꿈치를 칠때 다른 한편의 손으로 손목을 강하게 잡는 것은 팔꿈치 치기를 보강하여 팔꿈치에 힘이 들어가기 **쉽게하기** 위한 것이며, 또 상대방을 **잡아 당기는** 의미가 있기 때문이다 (**오른쪽 그림**).

상대가 깊게 찔러들어 왔을 때등, 팔꿈치 받기로써 응용할 수도 있다. 상대방의 찌른 팔을 좌우손으로 끼고 받아서 팔꿈치 관절을 가끔 본다.

팔꿈치 치기 후, 발바닥으로써 툭하고 힘껏 **밟듯이** 찬다.

2 초기권의 장

9. 부퇴 피세

상대방이 전력으로 공격해 올때, 그 순간에 몸을 내리면 소위 "적보다 멀리, 나보다 가깝게" 간격으로 되어 반격하기 쉽다(①~③).

형(型) 속에서 앞쪽 팔의 팔꿈치를 굽혀 권을 허리에 대는 것은 팔꿈치 혹은 내하박(팔의 안쪽)으로 상대방의 손과 발을 받아 넘기는 의미가 있다 (①). 따라서 받는 손을 명확히 사용하여 형을 실연해도 상관 없다.

피세의 부퇴보에는 단순한 몸 다루기 외에 상대방이 기술을 쳐내려는 순간에 몸을 낮추어서 상대방의 세운 발을 밟는다는 적극적인 용법도 있다. 이 경우에는 족도를 힘껏 내밀어 상대방의 발목에 닿도록 한다.

122

2 초기권의 장

시의도(피세의 적극적인 용법)

2 초기권의 장

10. 부퇴 쌍봉수

쌍봉수의 기술을 사용할 때 부퇴는 상대방의 몸을 무너뜨리는 중요한 작용을 한다. 즉 ①에서 상대방의 팔을 잡았을 때 자기의 오른발을 상대의 세운발 안쪽에 가볍게 넣어 곧바로 발바닥에 유의하여 무릎 뒤쪽을 펴서 땅을 문지르듯이 오른발을 편다. 그렇게 하면 지레의 원리로써 상대의 세운 다리가 무너뜨려지므로 몸의 중심이 허물어져서 쉽사리 제압할 수 있다.

부퇴피세, 부퇴 쌍봉수 등을 비롯하여 이 밖에도 북파계에서는 부보는 실제로 여러가지로 활용된다. 북파 소림을 배우기 위해서는 부보에 충분히 익숙해져야 한다.

2 초기권의 장

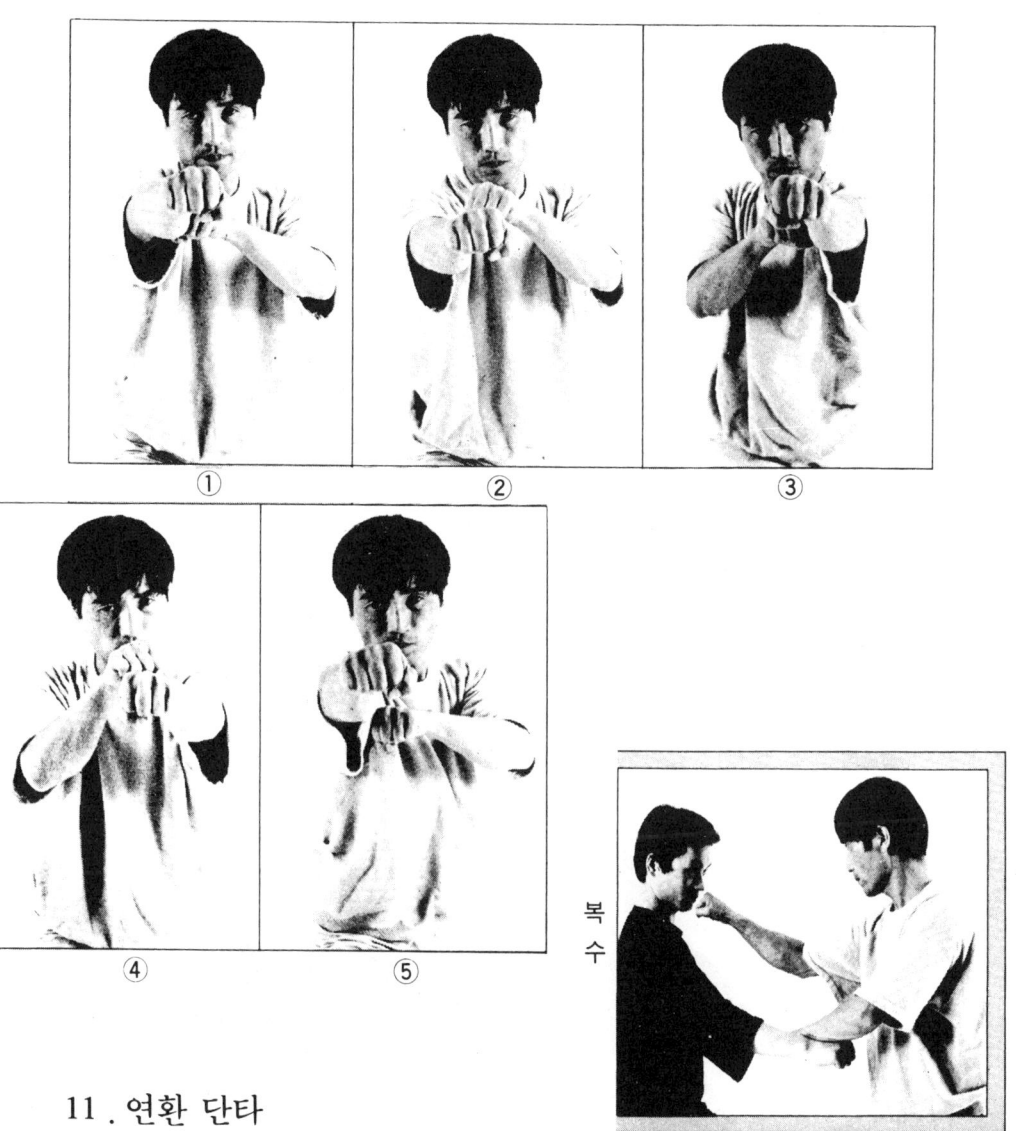

11 . 연환 단타

　연환 단타는 당랑권 등에서 대단한 장기로 삼고 있다. 연습 요령으로써는 ①의 자세에서 우권을 아래에서 당기면서 좌권을 위에서 친다(②~③). 이어 그 반대로 좌권을 아래에서 우권을 위에서부터 움직여 친다. 이리하여 조금 상하로 원을 그리면 부드럽게 연환시킬 수 있어 작고 빠르게 연속 찌르기를 할 수 있다.
　또 당기는 손은 "복수"라 하며, 상대방의 찌르기를 아래쪽으로 누르는 의미가 있다.

2 초기권의 장

12. 호권

호권은 홍가권의 장기인 수(手)다. 특히 호형과 학형을 도입한 홍가권의 "호학 쌍형권"이라는 형은 남파 소림의 권법 사상 이름높은 형이며, 수많은 전설을 낳았다.

호권의 기본적인 사용 방법에는 궁보 호권과 허보 호권의 두 종류가 있다.

궁보 호권은 오른쪽 윗그림같이 앞쪽 손을 수평으로 하여 상대방이 내미려는 곳을 누르고, 몸을 조금 앞으로 기울여서 턱을 쳐올린다. 이것을 "맹호 신요(猛虎伸腰)"라고도 한다.

허보 호권은 상대방이 찌르기 차기 등을 내밀어 왔을때 조금 비스듬하게 상대방의 손발을 바꾸면서 몸을 넣어 목·턱 등을 공격한다. (오른쪽 아래 그림)

턱을 쳐올릴 때 손가락 끝을 상대방 눈에 파고 들어가게 하여 할퀴듯이 아래쪽으로 당기는 것이 원래 용법이나, 상대 연습에서는 위험하므로 혼자서 단련할 때에만 할퀴는 동작을 덧붙인다.

13. 쌍익수

중국 권법에는 양손을 좌우로 가지런히 하거나 또는 상하로 서로 향하게 하는 동시에 공격하는 기술이 대단히 많다.

따라서 양손으로 받는 기술도 여러가지 있는데, 이 쌍익수는 그 기본적인 기술의 한가지이다.

왼쪽 윗그림과 같이 좌우로 헤쳐 벌려서 차기로 결정하거나 또는 양손을 동시에 상대방의 관자놀이·귀 등에 돌려치기를 한다.

손목을 힘껏 구부리고 팔꿈치를 되도록이면 좁게하여 자기 배에 붙이고 위에서 볼 경우에 V자형으로 되어 있어야 한다.

단익수

쌍익수를 단련해 두면 왼쪽 아래그림과 같이 상대방의 찌르기를 안쪽에서 작게 걸어서 밑으로 끊어내리면서 반지권 등을 결정하는 단익수의 기술도 비교적 응용하기 쉽다.

14. 사수

"사권" 또는 "사형권"이라고도 한다.

형 속에서는 허리를 낮추고 역반신으로 되어 상대방의 찌르기(오른쪽 윗그림), 혹은 차기(오른쪽 아래 그림)를 받은 뒤에 손가락 끝이나 분각 등으로써 결정한다.

또한 ①~④처럼 사형으로 준비하여 양손을 올렸다 내렸다 하며 상대방을 견제하고 기회를 보아 단숨에 몸을 날려서 상단으로 찔러 넣는다.

중국 권법에는 각종 보법(步法)·신법(身法)을 맞추어서 사형권 만으로써 한 파를 구성하고 있는 문파도 있다.

기본적 용법

❹

15 . 금라 단란수

　상대방의 팔을 붙잡고 앞발을 상대방의 배후로부터 내딛어서 세운 다리를 무너뜨리고, 앞쪽 손으로써 수평으로 안면·목 등을 힘차게 후려쳐서 뒤쪽으로 던져 쓰러뜨리는 큰 기술이다. 남파 소림 중에서도 장교대마(長橋大馬 : 교는 손 , 마는 세운 다리를 나타낸다. 즉 손발을 크게 전개하여 속도를 내서 기술을 사용하는 것)에서 유명한 채리불파의 기법이다. 당랑문도 난수를 장기로 삼고 있지만 손과 발을 작고 날카롭게 사용한다.

2 초기권의 장

❷

❸

2 초기권의 장

16. 걸어 치는 관수

걸어 쳐서 상대방의 찌른 손 따위를 때려 내림과 동시에 손가락 끝으로 눈을 공격한다. 또는 그 관수를 상대방이 상단에서 받으려 했을 때는 즉시 관수의 손목을 아래쪽에서 구부려 걸치듯이 하여 상대방의 받는 손을 하단으로 빗나가게 하고, 그 세력으로 왼손을 한번 회전시켜 상대방의 머리·가슴 등을 잡아 내리고 우권의 권안(엄지손가락쪽), 또는 내하박(팔의 안쪽)으로써 쳐 내린다. 이 쳐 내리는 기술을 소추라 하며, 본래는 비스듬히 쳐 올리는 표당과 맞추어서 연속적으로 이용한다.

2 초기권의 장

17. 연환 팔자 치기

바깥쪽에서 권안으로써 돌려 치기(소추)를 사용하며, 상대방이 이것을 받아 멈추게 하였을 때, 재빨리 쳐 올린다(표당). 오른쪽 위의 그림 ①②③을 참고로 할 것. 밑에서부터 비스듬히 쳐 올리는 데에는 상대방의 찌른 팔을 떨어버리듯 쳐 올려서 상단 측면을 공격하는 의미도 있다. 상대방의 공격을 무너뜨리면서 동시에 공격하는 것을 연소대타(連消帶打 : 소는 받기, 타는 공격, 즉 공방 일체를 의미한다)라고 하고, 남파 소림의 장기로 삼는 전술의 한 가지이다.

오른쪽 아래의 그림①~③은 소추를 상대방이 몸을 낮춰서 피하며, 반격으로 바꾸려는 것을 표당을 연속시켜서 결정한다.

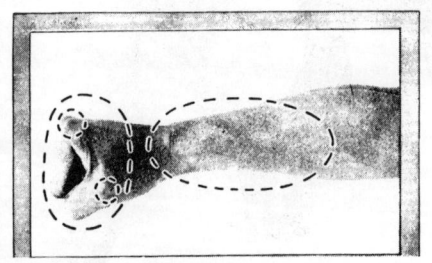

사용 부위의 시의도

2 초기권의 장

❷

❸

❷

❸

18. 삽추 연격

손가락을 얕게 구부리고 반지권으로 찌르는 기술을 삽추라 한다. 엄지손가락쪽을 위로 하여 허리부터 찌르는 기술을 "양삽(陽揷)"이와 반대로 새끼 손가락쪽을 위로하여 찌르는 기술을 "음삽(陰揷)"이라 한다. 마보로 다가서는 걸음걸이를 하면서 음양을 연환시켜서 연속적으로 공격해 들어가는 기술이다. 연환 팔자 치기(소표연격)와 이 삽추 연격은 채리불파가 자랑으로 삼는 기법이다. 어깨의 유연성을 충분히 발휘하고 팔을 길게 사용하며 주로 상대방의 늑골을 노리며 찌른다.

음삽은 허보로써 사용하는 일도 많다.

처음에 음삽과 양삽을 각각 (단순히 반복하는 연습) 하고 나서 음양을 짜 맞추어서 연속적으로 단련한다. 또 참고도와 같이 번신도약을 덧붙여 원거리에서 뛰어들어가 다가서는 걸음으로 음양 삽추를 연속 공격하는 연습도 몸의 움직이는 방법, 속도를 체득하는 데에 있어 좋은 연습법이 된다.

참고도   ①   ②   ③

2 초기권의 장

음 삽

양 삽

④　　　　　⑤　　　　　⑥

137

《비 권》

채리불가권 (蔡李佛家拳)
— 장교 대마의 남파 종합 권법

채리불파의 개조상

채리불은 내가 상상도 할 수 없는 권법이었다. 먼 거리에서 뛰어들어가듯이 다가서는 걸음의 마보로써 접근하여 (이것을 표마라 한다) 눈에도 보이지 않을 정도의 빠르기로 팔을 휘둘러서 연속 공격한다. 「손을 내밀 때 마(馬)를 앞에서 보여주고, 받기가 곧 공격이며 공격이 곧 받기다」라고 일문의 구결에서 말했다. "공격할 때는 세운 다리를 앞쪽으로 날려서 공방(功防) 일체로써 연속 공격하라"라는 의미이다 (덧붙여 말하지만 마란 세운 다리를 의미하고, 교(橋)란 손을 의미하는 소림의 무술 용어이다).

이 책에 소개한 장교수의 훈련법은, 채리불 기초 훈련법의 일부인데, 솔직히 말하자면 이 문파는 몸이 유연한 소년시대부터 그 독특한 기초 훈련을 쌓지 않으면 진전(眞伝)을 익힐 수 없고, 공수 무술부터 들어간 나로서는 도저히 원래 독특한 맛을 체현할 수 없을 것이라고 판단하고 있다.

통설에서는 채가의 권, 이가의 각, 불가의 장을 합친 권법이라고들 말하고 있지만, 실제로는 개조인 진 향공 (陳享公 : 1806~1875년)은 광동성의 신회현 (新会縣) 사람이며, 어려서부터 천분을 발휘하여 17세가 되어서 최초의 스승인 동향의 숙부 진 원호 (陳遠護)의 전수를 모두 받은 뒤 그의 소개로 이 우산 (李友山) 노사를 찾아갔으나, 여기에서도 겨우 4년 동안에 모든 것을 배워 익히고 있는 소림승 채 복(蔡福) 선사를 찾아가서 8년 동안에 권법과 불교 철리의 교육을 받고 귀향한 후에 2년 동안에 거쳐 권기를 정리하고 형을 편성하며, 연습과정을 정하여 이·채 양 스승의 가르침을 불교 심법에 의해 통일시킬 것을 목표로 삼고, 도광(道光) 16년(1836)에 채리불파를 창시한 것이다. 그리고 아편전쟁·태평천국의 난 등의 동란기에 청조 정부의 징용을 피하여 남해·순덕 및 중산(마카오에 가까운 손 문의 고향으로써 알려져 있다)등을 전전하면서 권법을 넓히고, 삽퇴의 일격에 넣는 기합 소리를 지르는 방법에 의하여 이 문의 증표를 나타내는 암호로 삼았으며, 최근의 제2차 대전기까지 일문에서 다수의 지사를 배출했다.

3 염수권의 장

―북파 나한문의 대타권

염수권이란?

손 옥봉

북파 나한문의 대타권(対打拳) — 손 옥봉의 유기(遺技)

　나한문의 장문인(일문의 정전(正傳)을 전하는 종가를 의미하는 중국무술 용어) 손 옥봉은 남방의 광주 정무회에 부임한 후 10여년에 거쳐 수많은 뛰어난 인재를 길렀다. 원래 하북성의 저명한 표국의 총표두(総鏢頭)로서 화북 일대의 무술계와 임협(任俠)의 세계에서 이름을 떨치던 인물이다. 표국(鏢局)이란 지금의 경비업으로서 주로 물자수송의 호위를 직업으로 하고 있으나 교통기관의 발달로 인하여 가업을 버리고 무술 교사로 전환한 자가 많다. 정무회의 창시자인 곽 원갑도 아버지의 대까지 3대에 거쳐 표국을 가업으로 삼고 있었다. 손 옥봉은 표국시대「오성 도왕(五省刀王)」이라 불릴 정도로 도술을 가장 자랑하고 있었으며 문하생들도 동란기에 군인으로서 실전면에서 이름을 날렸던 자가 많다. 그러나 제9 전구 사령장관부의 국술 총교관이었던 아들 손 문용(孫文勇)이 전장에서 장렬하게 전사한 후에 불문에 귀의하여 마지막에는 사서성의 오대산에서 생애를 마쳤다고 한다.

　손 옥봉은 나한권(羅漢拳) 18로·도지 용권(跳地龍拳)·기문도(奇門刀)·보전도(歩戰刀)·난문창(攔門槍)·해완대도(解腕對刀)·매화 대창(梅花對槍) 및 여기에서 소개하는 염수권(捻手拳 : 염수 대권이라고도 하며, 점수권(粘手拳)이라고도 쓴다) 등을 전했다. 염수권은 6로로 되었고 각 로가 모두 공방을 서로 바꾸어서 반복하여 단련하면서 1로부터 6로까지 하는 상대 훈련형의 일종이다. 마음가짐을 상냥하게 하고, 서로 협조하면서 부드럽게 할 것에 가장 유의해야 한다. 그러는 편이 체육적인 효과가 있고, 또 상대방의 움직임을 알 수 있는 능력이 저절로 체득될 수 있는 장점도 있다.

개문식

갑(사진의 예 왼쪽, 검은 연습복의 인물), 을(사진의 예 오른쪽, 흰 연습복의 인물)
❶ 두 사람 모두 직립 자세로 서로 마주 본다. 보통 발을 오므리고 선다.
❷ 서로 오른발을 한 보 내딛고 몸을 오른쪽으로 비틀면서 양손을 오른쪽 가슴 앞에 준비한다. 오른손은 장을 세우고 그 손목 밑에 구수(鉤手 : 손가락 끝을 합친다)로 하여 준비한다.
❸ 갑·을 왼발을 내밀고, 양손을 수평으로 전면을 향해 내민다. 이것을 개식 쌍경례(開式 双敬礼)라 하며 나한문 대타의 예식으로 한다. 갑·을 서로 손을 댄다. 여기까지 개문식 전반으로 충분히 기백있게 한다.

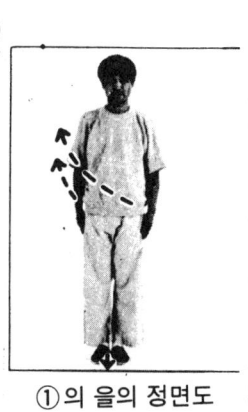

①의 을의 정면도

②의 을의 정면도

❸

③ 을의 정면도

❹

④의 을의 정면도

❺

⑤의 을의 정면도

3 염수권의 장

⑥의 을의 정면도

⑦의 을의 정면도

❹ 갑·을, 왼발을 후퇴하여 양손을 상하로 준비한다. 헤어질 때 서로 손을 밀고 그 반동으로 후퇴하여 손을 상하로 나눈다.
❺ 갑·을, 양손을 바깥쪽에서부터 크게 반원을 그리면서 오른발을 후퇴하고 양손을 상하로 준비한다.
❻ 뒤쪽 발에 중심을 두고 허보로 하면서 왼손은 오른쪽, 오른손은 뒤쪽으로 준비한다.
❼ 허보로 되어 좌구수(左鉤手)로써 하단을 떨어버리고 오른손을 상단에 준비한다. ❹~❼이 개문식 후반으로 이것을 우화쌍양보(右花双讓步)라 한다. 형에서는 오른손을 머리 위에 준비하지만 원래 좌구수로 상대방의 차기를 떨어버리고 오른쪽 손가락 끝으로써 눈을 가로쳐 쓰러뜨리는 기술이다.

143

제1로 (전반)

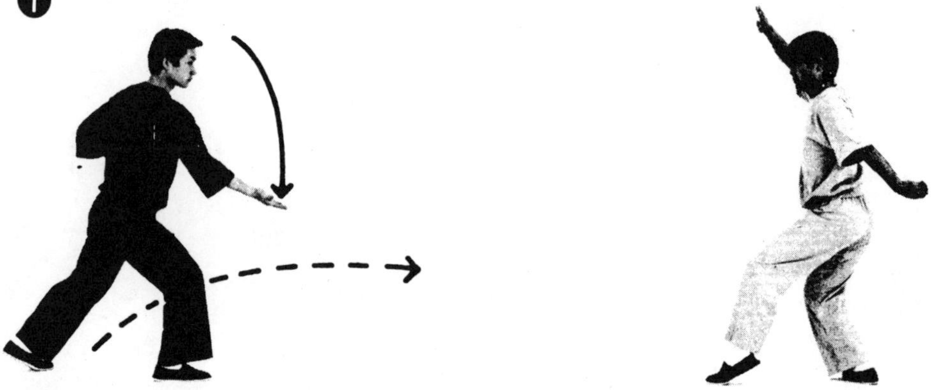

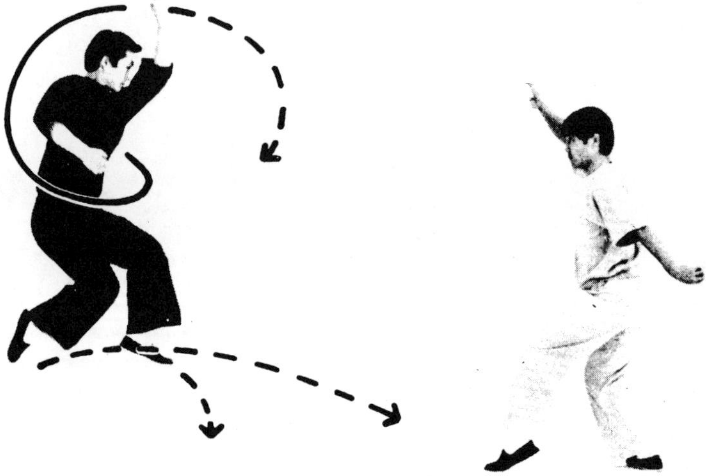

❶~❸ 갑은 한 걸음 전진하여 오른손을 내리고(①), 곧바로 왼손으로부터 도약 전진하여 왼손을 크게 휘둘러 걸어 치기의 견제를 하면서 (②), 땅에 디딤과 동시에 우권을 을의 왼쪽 복부에 찌른다. 을은 왼손을 위로 올리고 나서 손목을 굽혀 아래쪽으로 하단 떨어버리기

❹ 갑은 아래쪽에서 받아 들여진 세력을 역용하여 오른쪽부터 권안으로 돌려 치기 (목표는 관자놀이, 귀), 을은 안쪽에서 바깥쪽으로 반원을 그려 상단 받기.

❺ 갑은 오른손을 허리에 대면서 왼손은 돌려 치기. 을은 안쪽부터 반원을 그리면서 상단 받기.

❻ 갑은 왼손을 허리에 오른쪽 중단 찌르기. 을은 왼손을 한껏 펴서 갑의 찌른 손을 잡아 빗나가게 한다.

❼ 갑은 우선 왼손을 의식적으로 한껏 벌리고 을의 왼쪽 손목을 다시 잡을 준비.

❽ 갑은 왼손으로 을의 왼쪽 손목을 잡고 왼팔은 빼낸다.

❾ 갑은 즉시 우권으로 을의 가슴(혹은 안면)을 찌른다. 을은 왼발을 조금 당기고 허리를 내려서 오른 손목으로 갑의 찌르기를 받는다.

제1로 (후반)

후반은 전반과 반대로 을의 공격부터 시작되는데, 기법의 내용은 전반과 같다. 갑·을이 바뀔뿐이다. 따라서 사진이 완전히 대칭적이므로 전반 후반을 서로 참조하면서 보면 움직임을 한층 알기 쉽다.

❿ 을은 우권을 ⑨의 위치에서 일보 전진하여 갑의 왼쪽 복부를 찌른다. 갑은 일보 후퇴하여 왼쪽 손목으로 걸치듯이 하단으로 떨어버린다. 〈이것을 할장(割掌)이라 한다〉

⓫ 을은 받아들여진 세력을 이용하여 바깥쪽부터 돌려치기. 갑은 안쪽에서 반원을 그리면서 안쪽 받기(손목 안쪽 혹은 손목 등을 이용한다).

⑫ 을은 우권을 허리에 당겨 좌권으로 상단 돌려 치기. 갑은 오른손으로 안쪽에서 반원을 그리면서 상단 받기.

⑬ 을은 곧바로 좌권을 허리에 당겨 우권 중단 찌르기. 갑은 왼쪽 손바닥으로 을이 찌른 팔을 조금 빗나가도록 잡아서 받는다(우권은 허리에 당긴다).

⑭ 을은 왼손을 한껏 벌려 갑이 잡은 손을 도로 잡을 준비.

3 염수권의 장

⑮ 을은 갑의 손을 잡아 내린다.

⑯ 을은 곧바로 우권으로 갑의 가슴(혹은 안면)을 찌른다. 갑은 앞발을 조금 당겨서 바깥쪽으로 벌려 상체를 비틀어 내리고, 오른손목으로 을의 찌르기를 받는다.

반복 연습의 요령

이 대타(對打) 형은 제1로의 공수를 갑·을 모두 연습한 후, ⑯부터 곧바로 제2로로 들어갈 수 있도록 되어 있다. 단 일상 연습에서는 ⑯부터 다시 갑이 일보 전진하여 ③으로 돌아가고, 제1로를 반복 연습하고 나서 제2로로 들어간다.

반복에 의해 움직임을 익숙하게 하여 그것들을 실제로 사용하기 위한 상대 감각을 충분히 단련시킨다. 상급생과 짝이 되어 연습하면 되풀이하는 가운데 마치 수혈하듯이 기법의 비결이 저절로 전해지게 된다.

제2로 (전반)

제1로는 직접 찌르기와 돌려 치기의 편성 및 그것에 대한 받기의 연습을 주안으로 하고, 또 서로 손목이 교차되는 감각을 양성한다. 제2로는 상대방이 찌른 팔에 자기 양손을 달라 붙게 하여 상대방의 힘을 녹이는 기법을 체득하는데 주 목적이 있다. 그리고 한편으로는 찌른 팔의 힘을 녹이려 할 경우, 상대방의 받아 넘기기에 거역하지 말고, 어떻게 공세로 전환할 것인지 연습한다. 제2로는 익히는데는 쉽지만 그 비결을 터득하는 것은 매우 어렵다. 처음에는 갑·을 모두 천천히 부드럽게 움직여서 조금씩 기법을 단련해 가는 마음가짐이 중요하다.

❶ 갑은 제1로 ⑯의 위치에서 전진하여 찌른 손을 그대로 을의 가슴으로 찔러 넣는다. 을은 후퇴하면서 오른손을 밑에서 달라붙게 한다.

❷ 을은 오른손을 밑에서부터 손목을 치켜 올리듯이 걸침과 동시에 왼쪽 손바닥을 갑의 무릎에 달라붙게 한다.

❸ 을은 양손을 갑의 찌른 팔의 손에 달라붙게 하여 작게 원으로 전환시키면서 아래쪽으로 받아 넘긴다.

❹ 갑은 아래쪽의 받아넘김에 거역하지 않고, 오른손을 밑에서부터 바깥쪽으로 휘둘러 올려서 돌려 치기에 들어간다.

❺ 을은 갑의 돌려 치기를 받으면서 왼쪽 손바닥으로 갑의 오른쪽 옆구리를 때린다. (실제로는 찌르기-다음페이지 **확대 그림** 참조).

제2로
확대 설명도

A. 갑의 찌른 손에 대해 올은 오른쪽 손목을 밑에서 걸치듯이 올림과 동시에 왼쪽 손바닥을 갑의 팔꿈치에 달라붙게 하면서 우선 윗쪽으로 조금씩 들어 올리듯이 빗나가게 한다.

B. 을은 움직임을 멈추지 말고 양손을 갑이 찌른 손에 휘감기게 하여 양쪽 손목을 바꿔가면서 아래쪽으로 원전(円転) 시킨다.

C. 갑은 을의 양손 움직임에 맞추듯이 오른손을 아래쪽으로 보내고 돌려 치기로 들어가려 한다.

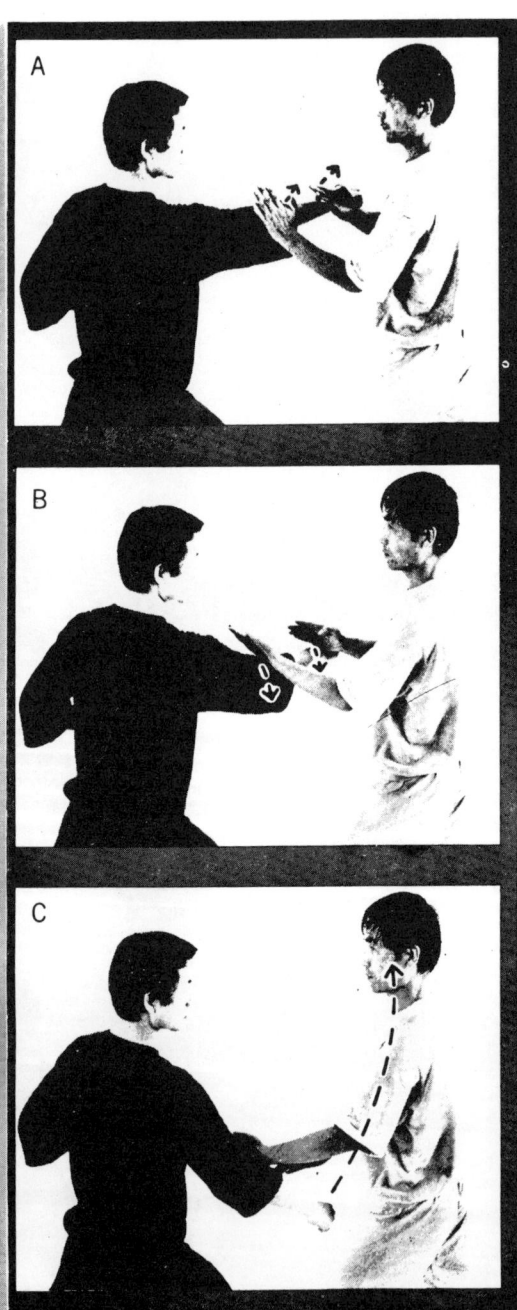

3 염수권의 장

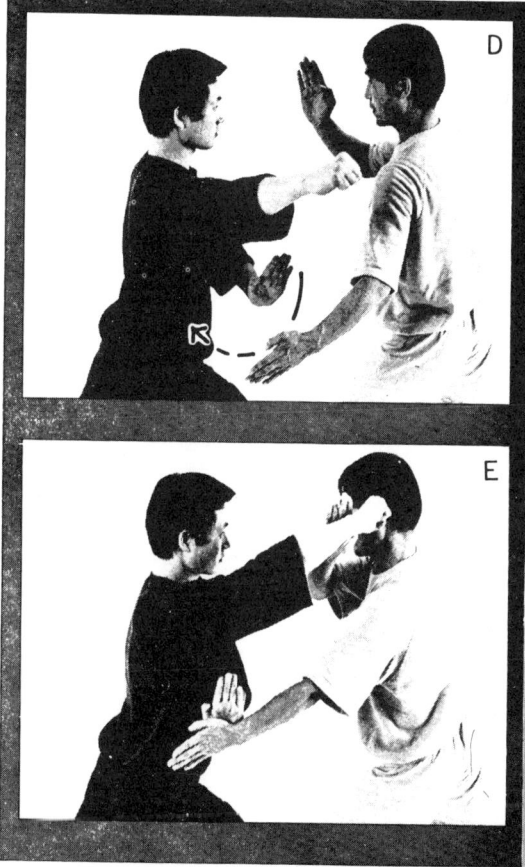

D. 을은 갑의 돌려 치기를 오른손으로 받고 왼손은 밑에서부터 밖으로 돌려서 갑의 겨드랑이를 치려고 한다. 갑은 돌려 치기를 시작하고 오른쪽 겨드랑이를 보호하기 위해서 왼쪽 손바닥을 가져온다.

E. 갑은 돌려침. 단 왼손으로 을의 왼손을 저지한다. 을의 손가락 끝이 조금이라도 오른쪽 겨드랑이에 닿으면 패배한다.

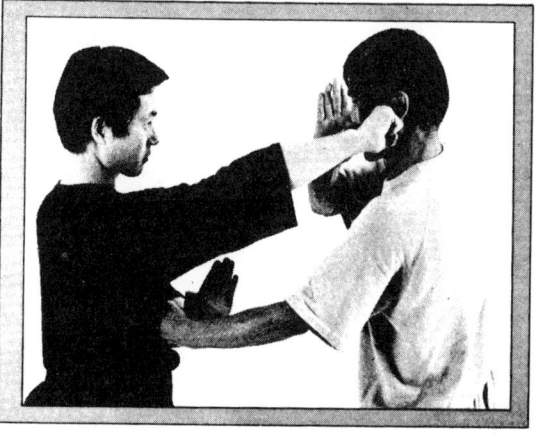

을의 왼손은 실제로는 찌르기이지만, 위험을 방지하기 위해서 손바닥으로 부드럽게 쳐 넣는다. (오른쪽 그림)

제2로 (후반)

❻ 을은 손을 ⑤의 위치에서 일 보 전진하여 갑의 가슴에 찔러 넣는다.

❼ 갑은 후퇴하면서 미리 오른손을 밑에서 쳐 올리듯이 휘감고 오른발을 당겼을 때는 왼쪽 손바닥을 완전히 을의 팔꿈치에 달라붙게 한다.

❽ 갑은 양쪽 손목을 을의 찌른 손에 휘감기게 하듯이 원전시켜서 아래쪽으로 빗나가게 한다.

❾ 을은 아래쪽으로 빗나가게 된 세력을 이용하여 오른손을 밑에서부터 밖으로 돌린다.

❿ 을은 상단 돌려치기. 갑은 돌려치기를 받음과 동시에 왼쪽 손바닥으로써 밖에서 을의 오른쪽 겨드랑이를 친다. 을은 준비한 왼손으로써 갑의 왼쪽 손목을 받아 저지한다.

제 3 로 (전반)

제 3 로는 역수(逆手 : 손목 관절을 반대로 구부려 공격한다)와 거기에 대한 전신 탈수법(転身脱手法)과 반격기의 연결을 연습한다. 1로·2로에서 충분히 익숙해지고 나서 제 3 로의 연습으로 들어간다. 또 1로·2로에 익숙해진 뒤라도 반드시 각각 적어도 10회는 반복한 후에, 한편(주로 상급생) 리드로서 제 3 로로 연환시킬 것.

1로·2로와 마찬가지로 처음부터 힘을 넣는 일이 없이 작은 움직임도 중요하게 생각하여 조금씩 단련해 간다.

❶~❷ 갑은 2로 10 그림에서 일보 전진하여 중단 찌르기. 을은 후퇴하면서 오른손을 밑에서부터 휘감기게 하여 갑의 오른쪽 손목을 비틀어 내리고, 곧바로 왼손으로써 역관절 기술을 건다.

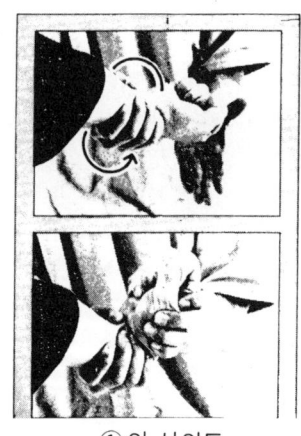

①의 시의도

❸ 갑은 오른손을 비틀려진 방향으로 올리면서 좌권으로 을의 하복부를 찌른다. 을은 오른손으로써 하단으로 떨어버린다.

❹ 갑은 그대로 홱 몸을 돌리면서 왼손을 펴서 위에서 을의 손목을 도로 잡는다. (실제로는 갑은 ③에서 을의 발목을 밟는다)

❺ 갑은 을의 손목을 아래쪽으로 잡아내리고, 오른손을 빼내서 곧바로 돌려 치기.

❻ 을은 오른손으로써 갑의 돌려 치기를 받아서 저지한다.

❼ 을은 오른손을 그대로 밑으로 잘라 내린다.

❽ 을은 오른손으로 갑의 손목을 떨어버리듯이 자르고 왼손을 뺀다.

❾~❿ 갑은 곧바로 양쪽 발로 뛰어 물러난다 (❾~❿). 갑은 여기부터 개문식 ⑤에 접속된다. 우선 일보 후퇴하여 양손을 위아래로 벌려(개문식 ⑤) 좌구수로 하단을 떨어 버리면서 오른손을 머리 위로 휘둘러 올려 우화세(우화 쌍양보)의 준비로 된다. 을은 그 자리에서 허보로 되면서 손만은 갑의 움직임에 맞추어 같이 우화세로 된다.

제3로 (후반)

⑬~⑮ 을은 일단 오른발을 전진함과 함께 오른손을 내리고 곧바로 도약하여 왼손으로 크게 걸어 치며, 내디딤과 동시에 중단 찌르기.

⓰~⓱ 갑은 오른손으로 밑에서부터 떠 올리듯 휘감기게 하여 오른쪽으로 돌려 을의 손목을 비틀어 내리고, 곧 바로 왼손을 더하여 을의 손목을 거꾸로 구부린다.

⓲ 을은 오른손 밑을 빠져나오도록 몸을 돌리면서 우권으로 갑의 하복부를 찌른다. 갑은 오른손으로 받아서 떨어버린다.

⓲의 확대 시의도

⑲ 을은 연습을 할 때는 ⑱에서 발을 멈추지 말고, 연속적으로 홱하니 한 번 몸을 돌려 갑의 왼손을 위에서 잡아 내린다. 동시에 오른손을 뺀다.

⑳ 을은 우권으로 상단을 돌려 치기. 갑은 오른손으로 받아 멈춘다.

㉑ 갑은 곧바로 오른손으로 을의 손목을 잘라버린다.

3 염수권의 장

❷~❷ 을은 즉각 도약하여 뛰어 오르고 우화 쌍양보. 갑은 그 자리에서 양손의 움직임을 을에 맞추어서 마찬가지로 우화세(右花勢)로 된다.

이상으로 제3로는 끝. 제3로만을 반복할 때는 ㉓부터 갑이 도약하여 중단으로 뛰어 들어가 찌르고, 다시 제3로 ① 과 접속하는 것이다. 제3로까지가 염수권(捻手拳) 전반세(前半勢)이다. 후반세인 제4로부터 제6로 까지는 움직임이 격렬해지고 또 기법도 복잡해져서 전반과는 모양을 달리한다. 특히 제4·5로는 염수권의 형에서 중심이며, 소위 클라이막스라고 말할 수 있겠다. 4로에서 먼거리로부터 일거에 접근하는 뛰어들어 찌르기도, 걸어 치는 도약 천심권과 대칭적으로 오른손을 휘두르면서 마보로 하여 왼손으로 뛰어 들어가 찌르기를 한다. 또 내디디면서 곧바로 세 번 연달아 찌르기로 몰아넣고 4로가 끝났을 때는 갑과 을은 모두 위치가 바뀌어져 있다. 이렇게하여 갑·을이 문자 그대로 공방의 자리를 바꾸면서 되풀이하여 연무하며, 다시 5로의 유연 교묘한 입신기(入身技)·역기(逆技)·차기 기술을 포함한 되돌리는 기술의 훈련에 들어가며, 6로에서 특수한 이면 기술을 거동이 적고 간결하게 연마하여 염수 대권을 마무리한다.

❶

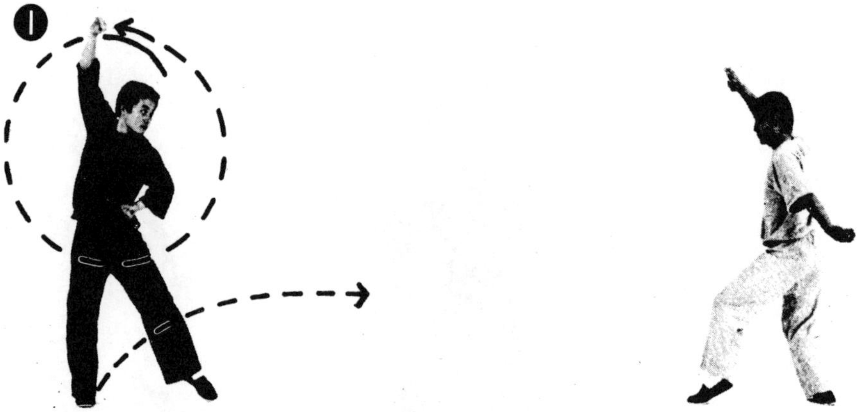

❷

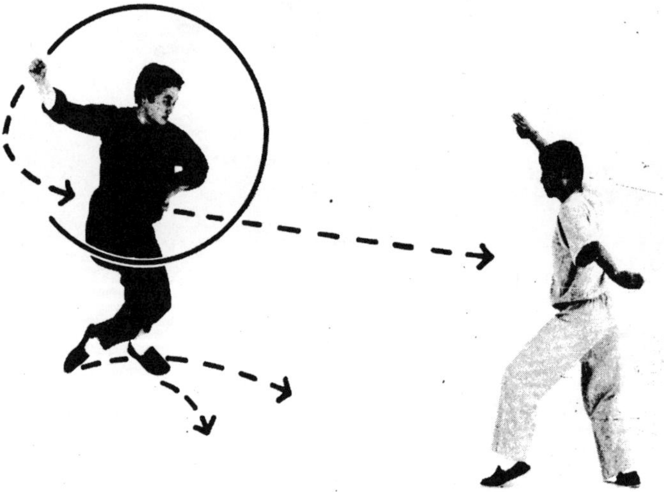

❸

제4로 (전반)

❶~❸ 갑은 좌권을 허리에 붙이고 그 자리에서 오른손을 한번 회전시켜 힘차게 오른손을 크게 휘두르면서 도약 전진(②), 착지와 함께 좌권으로 중단 찌르기. 을은 마보의 하단 떨어버리기로 써 받는다(③).

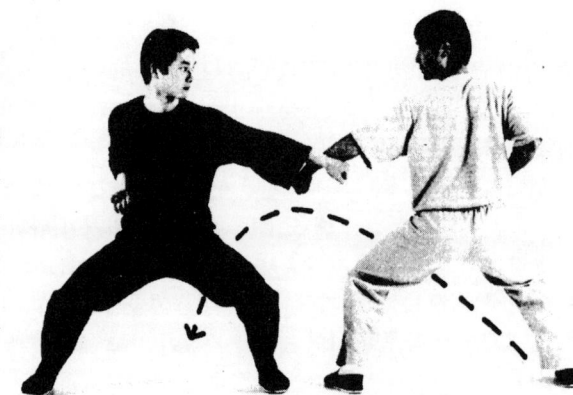

❹ 을은 곧바로 오른발부터 부드럽고 작게 날려 갑의 등 뒤로 돌려 들어가서 왼쪽 등 부분을 찌른다. 을은 숙달되면 ③을 생략, 갑의 찌르기와 동시에 도약하는 몸을 다룬다.

❺ 갑은 을의 찌르기를 크게 몸 다루기를 함과 동시에 왼쪽 손목을 밑으로 접어구부려서 걸치듯이 하단으로 떨어버린다.

시의도 (④~⑤의 을의 동작)   ①   ②

❻

❻ 지금부터 갑은 비스듬한 방향으로 세 번 연달아 찌르기로 몰아 넣는다.
우선 갑은 일보 전진하여 중단찌르기. 을은 일보 후퇴하고 손목을 접어 구부려서 아래로 걸치듯이 받아 넘긴다.

❼

❼ 갑은 다시 왼발을 전진하여 중단 찌르기. 을은 일 보 후퇴하여 하단으로 받아 넘긴다. 갑은 연속 찌르기로 쫓아오므로 을도 그것에 따라 연속적으로 물러난다.

❽

❽ 갑은 왼발로 전진하여 한층 더 강하게 오른쪽 중단찌르기. 을은 왼발을 뒤쪽 발 옆으로 끌어 붙이며 왼손으로 갑의 찌르기를 받으면서, 왼발을 앞으로 내디딘다. 이러한 발 다루기를 환보(換步)라고 한다.

❾ 을은 환보를 하면서 동시에 정면에서 우권으로 크게 돌려 치기. 갑은 안쪽에서 받아 멈춘다.

❿ 갑은 곧바로 왼손을 밑에서부터 선회하고, 을의 누른 손을 쳐 올린다.

⓫ 갑은 치켜 올려 넣은 왼손으로 을의 왼쪽 손목을 잡고, 오른팔을 을의 팔 상부에 대고 문질러 올리듯이 을의 오른팔을 비튼다.

167

⓬ 갑은 오른발을 부보의 요령으로 땅을 문지르면서 찔러 넣고, 을의 왼발을 무너뜨리면서 을의 팔을 아래쪽으로 제압한다. 을은 오른쪽 손바닥으로 땅을 치고 몸을 지탱한다.

⓭ 을은 곧바로 몸을 일으켜 우권으로 갑의 안면을 찌른다. 갑은 오른손으로 을의 찌른 손을 받아 멈춘다.

⓮~⓯ 갑·을 모두 도약하여 멀어진다. 우선 서로 옆으로 일자선상으로 뛰어서 마주보고나서 후퇴하면서 우화 쌍양보를 할 것. ⓯는 말할 것도 없이 전반의 끝이자 후반의 시작이다. 단 갑은 오른쪽, 을은 왼쪽으로 바뀌어져 있다.

제4로 (후반)

❶❻~❶❽ 을은 우화세에서 우권을 허리에 붙이고 오른팔을 한 번 회전시켜 세력을 주고 다시 두 번 회전하여 도약 전진, 오른발을 내디딤과 동시에 마보로 되어 중단 찌르기. 갑은 하단에서 받는다.

❶❾ 갑은 곧바로 작게 도약하여 을의 등뒤로 돌아서 을의 왼쪽 등을 찌른다. 익숙해진 후에 갑은 을의 찌르기와 동시에 도약하여 바꾼다.

❷⓿ 을은 왼발을 앞쪽으로 비스듬하게 내딛고, 몸을 다루면서 왼쪽 할장(割掌 : 손목을 접어 구부려서 아래쪽으로 받아 넘긴다).

㉑ 을은 곧바로 세번 연속 찌르기로 들어간다. (옆으로 일자선상의 연무선에서 보아 비스듬하게 전진하게 된다). 우선 오른쪽 중단 찌르기. 갑은 후퇴하면서 하단에서 떨어버린다.

㉒ 을은 다시 왼발을 전진하여 왼쪽 중단 찌르기. 갑은 할장 하단 받기. 갑은 힘차게 떨어버리기 보다 안쪽으로부터 손목으로 걸치듯이 아래쪽으로 빗나가게 하여 받는다.

㉓ 을은 다시 오른쪽 중단 찌르기. 갑은 환보하여, 즉 우선 오른발을 왼발 옆에 당겨 붙임과 동시에 왼발을 앞쪽으로 내딛고 왼손으로 을의 찌르기를 받는다.

㉔ 갑은 우권으로 정면에서 크게 돌려 치기. 을은 안쪽에서 받아 멈춘다. 권을 쥐고 손목으로 받아도 좋다. 수도(手刀)로써 받아도 좋다.

㉕ 을은 곧바로 왼손을 밑에서 찔러 넣어서 갑의 왼팔을 치켜 올린다.

㉖ 을은 원전(円転)의 움직임을 멈추지 않고, 왼손으로 갑의 왼쪽 손목을 잡고 오른팔로써 갑의 팔을 일단 위로 문질러 올린다.

㉗ 을은 위로 문질러 올린 세력을 이용하여 오른발을 땅을 문질러 찔러 넣어 뒤쪽으로 펴서 갑의 세운 다리를 무너뜨리면서 갑의 왼손을 하단으로 제압한다. 연습 중에는 부드럽게 하여, 상처가 나지 않도록 주의한다.

㉘ 갑은 일단 왼손으로 땅을 치고 급격히 몸을 일으켜 우권으로 을의 안면을 찌른다. 을은 오른손으로 받아 멈춘다.

㉙ 갑·을 곧바로 좌우로 뛰어 헤어져서 다시 갑은 왼쪽, 을은 오른쪽으로 후퇴하면서 우화 쌍양보를 한다.

3 염수권의 장

제5로 (전반)

❶

❷

❸

❶~❹ 갑은 일보 전진할 때 가볍게 왼손을 내리고 (②), 곧바로 걸어 치기를 하면서 뛰어 들어가 (③), 을의 가슴을 찌른다(마보라도 좋다). 을은 왼발을 가볍게 후퇴하여 교차하여 서서 오른손으로 받는다.

❺ 을은 ④때 양손을 가슴 앞에 교차하여 미리 왼손을 준비(㉒ 참조), 왼발을 갑의 오른발 뒤로 내디디고 왼손으로써 수평으로 쳐서 떨어버린다. 갑은 양손을 세워서 받는다.

❻ 갑은 곧바로 왼손으로 을의 왼쪽 손목을, 오른손으로 을의 어깨를 잡는다.

❼ 갑은 오른발을 뒤로 물러서 을의 세운 다리를 무너뜨리면서, 양손을 밑으로 떨어뜨려 을을 제압한다. 을은 앞으로 기울어지면서 오른손으로 어깨를 잡고 있는 갑의 오른손을 누른다.

❽ 을은 어깨를 작게 비틀어 올리면서 오른손으로 갑의 오른손을 비틀어 뗀다.

❾ 을은 왼발을 당겨서 마보로 되고 오른손으로 갑의 오른손을 거꾸로 잡는다. 오른손도 재빨리 바꾸어 쥐고, 양손으로 갑의 손목을 거꾸로 하여 아래쪽으로 누른다.

❿ 갑은 왼발을 당기면서 오른쪽으로 돌려 몸을 비틀어 왼손으로 을의 턱을 쳐 올릴 준비를 한다.

⓫ 갑은 왼손을 을의 턱에 댄다. 실제로는 다섯 손가락을 세게 구부려 손가락 끝으로 잇몸 등을 압박하면서 아래 손바닥으로 쳐 올리지만, 연습 중에는 손가락을 펴서 부드럽게 댄다.

⓬ 갑은 왼손을 완전히 펴서 을의 턱을 쳐 올린다. 을은 몸을 뒤로 젖히면서, 우선 오른손으로 갑의 새끼 손가락 쪽 두개, 이어서 왼손에서 집게·가운데 손가락 두개를 세게 잡는다.

177

⑬ 을은 양손으로 갑의 손가락을 두개씩 나누어 잡으면서 아래쪽으로 제압한다.

⑭~⑯ 갑은 오른발을 일보 후퇴시켜 오른손을 크게 휘둘러 올려서 자기의 손등을 스스로 쳐내려 오른쪽 분각으로 을의 하단을 찬다. 을은 앞쪽 발을 펴서 거리를 두고 양손으로 차기를 받는다.

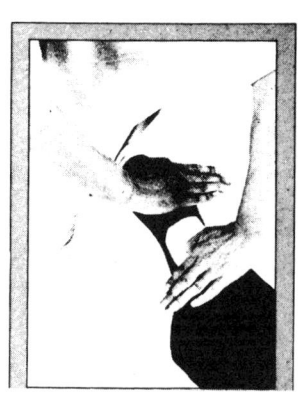

⑯의 확대도

⑰ 을은 곧바로 바꿔 찬다. 갑은 앞발을 펴서 양손으로 차기를 받는다. 찬 다리는 곧바로 원래 위치로 돌아가므로 순식간에 차는 모양이 된다.

⑱~⑲ 갑은 곧 바로 뛰어 물러난 후에 우화 쌍양보를 한다. 을은 찬 다리를 되돌릴 때에는 양손을 교차하고, 손만은 갑의 움직임에 맞추어 그 자리에서 우화세로 된다.

179

3   염수권의 장

제5로(후반)

㉒~㉒ 을은 오른발을 전진시켜 가볍게 오른손을 내리고 나서 곧바로 도약하여 걸어치기의 견제를 하면서, 땅에 내디딤과 함께 중단 찌르기. 갑은 교차하여 서면서 받는다.

㉓ 갑은 왼발을 을의 등 뒤에 내디디고 왼손을 떨어뜨리듯이 후려 차서 쓰러뜨리려고 한다. 을은 양손을 세워서 받는다(갑은 실제로는 ㉒에서 미리 전진하여 몸을 넣어 기술을 사용하지만 연습 중에는 형대로).

㉔ 을은 왼손으로 갑의 손목을, 오른손으로 갑의 어깨를 잡는다. 손가락 끝을 어깨에 파고 들어가도록 잡는 편이 좋다.

㉕ 을은 오른발을 뒤쪽으로 비키어 놓아 갑의 세운 다리를 무너뜨리고, 양손을 내려서 갑을 아래쪽으로 제압한다. 갑은 무너짐이 클때는 일단 오른손으로 땅을 쳐서 몸을 지탱한다.

㉖ 갑은 곧바로 오른손을 을의 왼손에 겹치고, 어깨를 작게 비틀어 올리면서 을의 오른손을 비틀어 잡는다.

㉗ 갑은 왼발을 당겨서 마보로 되어 왼손으로 을의 손목을 거꾸로 잡는다.

㉘ 갑은 오른손을 바꿔 쥐고 양손으로 을의 손목을 거꾸로 한 채 아래쪽으로 누른다.

㉙ 을은 곧바로 왼발을 당겨 몸을 비튼다.

㉚ 을은 갑의 턱을 쳐 올린다. 연습 중에는 급소를 대서는 안된다. 이때 갑은 미리 몸을 젖히면서 오른손으로 을의 새끼손가락과 무명지를 잡아도 좋다.

㉛의 손가락을 잡는 방법

①

②

㉝의 탈수법의 확대 분해도 ③

㉛~㉞ 갑은 을의 손가락을 두개씩 잡아 아래쪽으로 누른다. 을은 오른발을 당겨서 몸을 돌리는 세력으로 오른손을 크게 휘두르고 자기의 손등을 쳐서 손가락을 빼내며, 곧바로 분각 (실제로는 사타구니를 차 올린다).

㉟ 갑은 을의 차기를, 앞발을 펴서 양손으로 받으며 틈을 주지 않고 도로 찬다. 을은 오른발의 내디딤과 동시에 앞발을 펴서 받게 된다.

㊱ 갑은 찬 발을 되돌아오게 한다. 을은 차기를 받고 즉시 뒤쪽으로 뛰어서 우화 쌍양보로 들어간다. 갑은 그 자리에서 손의 움직임만을 을에게 맞추어서 우화세.

3 염수권의 장

①

②

③

제6로(전반)

①~③ 갑은 일단 오른발을 일보 내딛고 오른손을 내린 후에 도약, 걸어 치기로 제압하면서(②), 마보로 되어 을의 가슴을 찌른다. 을도 마보로 되어 왼손으로 받는다.

❹ 을은 곧바로 오른쪽으로 홱하니 몸을 돌려 돌아서서 오른발을 갑의 앞발 뒤로 내딛고, 오른손을 동시에 오른쪽으로 옮긴다.

❺ 을은 오른팔 전체로 비스듬하게 쳐서 갑을 쓰러뜨리려고 한다. 갑은 양손을 재빨리 세워 받는다.

❻ 갑은 곧바로 왼손으로 을의 오른쪽 손목을 잡고, 오른손의 손가락 끝을 을의 어깨의 살속으로 파고 들어가도록 잡는다.

❼ 갑은 양손으로 을의 오른손을 안에서 밖으로 비틀어 올려 제압한다. 을은 곧바로 왼손을 갑의 오른손에 겹친다..

❽ 을은 갑의 오른손을 비틀어 잡는다.

❾~❿ 갑은 왼쪽으로 몸을 돌려 좌권으로써 을의 안면을 친다. 을은 양손으로 받아 멈춘다.

 익숙해진 후는 ⑨를 생략, ⑧에서 ⑩으로 연환한다. 즉 갑은 ⑧로 부터 왼발을 축으로 급격히 몸을 한번 회전시켜 좌권으로 격렬하게 휘둘러 치면서 뛰어 물러난다. 을도 뛰어 물러나서 갑의 휘둘러 치기를 바꾼다(⑩). 이 후에는 갑과 을이 다같이 우화 쌍양보.

3 염수권의 장

제6로 (후반)

⑬~⑮ 을은 일단 오른발을 내딛고 오른손을 하단으로 내리고 나서 걸어치기를 하면서 뛰어 들어가 마보로써 찌른다. 갑도 마보로되어 받는다.

⑯ 갑은 곧바로 뒤로 몸을 돌아 을의 등뒤로 들어가서 오른팔을 비스듬하게 쳐서 들어가 을을 쓰러뜨리려고 한다.

⑰ 을은 갑이 어깨로부터 비스듬하게 걸쳐 치면 양손을 세워서 받는다.

⑱ 을은 곧바로 갑의 손목과 어깨를 단단히 잡고, 안쪽으로부터 비틀어 올려 제압한다. 갑은 몸을 허물어뜨리면서 왼손으로 을의 오른손을 잡는다. 상체를 부드럽게 사용한다.

3 염수권의 장

⑲~㉑ 갑은 을의 오른손을 비틀어 잡는다(⑲). 을은 왼쪽으로 몸을 돌려 좌권을 휘두르면서 뛰어들어 간다. 갑도 몸을 돌려 뛰어들어 간다.

3 염수권의 장

㉒~㉓ 두 사람이 서로 우화 쌍양보의 자세로 된다. 이후 개문식 ① 과 같이 다리를 오므리고 똑바로 서서 마주보며 염수권을 끝낸다.

처음에는 결코 힘을 주거나 속도를 내서는 안된다. 천천히 부드럽게 갑과 을이 서로 협조하여 연습하는 것이 결국 좋은 기술을 체득할 수 있고 그 후의 숙달도 빠르다. 왜냐하면 천천히 부드럽게 단련하는 것은 세세한 움직임을 소중히 여겨 필요한 근육을 자연히 양성하게 되므로 스스로 좋은 기술이 되기 때문이다. 또 협조하면서 즉 상대방의 기술도 걸기 쉽도록 주의하면서 연습하면 위험 방지가 되는 동시에 상대방의 움직임도 잘 알게 되고 기술도 맞추기 쉽게 된다. 그 결과, 전투에 필요한 상대 감각이 오히려 발달되는 것이다.

영춘권(詠春拳)

단교협마(短橋狹馬)의 실전권

영춘권의 원류는 홍권과 마찬가지로 지선 선사에게서 시작되었고, 엄 영춘(嚴詠春)이라는 여성에 의해 확립되었다고 하지만 실제로는 일거일동에 헛점이 없고 자기의 권내(圈內)를 범하는 자는 날카로운 반사신경과 탄력을 사용하여 최소한의 움직임으로 타도한다고 하는 강한 권법이다.

엽 문 - 영춘권의 홍콩 종사

도장에 반드시 목인상(木人像)을 놓고 좁은 간격에서 몸을 다루면서 모든 기술과 움직임을 작고 날카롭게 단련하며, 또 일찍부터 상대 훈련을 시작하여 반사신경과 기술의 응용을 연마한다. 방수(膀手)·탄수(攤手)·복수(伏手)의 세 가지 수(手)를 장기로 삼고, 형은 소염두(小捻頭; 강유류 공수의 "전장(轉掌)"형과 유사, 단 호흡은 부드럽다)·심교(尋橋)·표지(標指)의 세 종류로써 모두 중국 권법으로서는 놀랄 정도로 간소한 형이다. 문외한(門外漢)으로서의 내 직관에서는 개조는 남성, 그것도 복권(福建) 소림계의 달인이 만년에 소용없는 것은 모두 생략하여 완성한 권법이라 상상한다.

영춘권이 실제로 세상에 나온 것은 광주시에서 가까운 불산(仏山)의 양 찬(梁贊)이 쾌자가(快子街)에서 약방을 경영하면서 권법을 교수한 것에서 시작된다. 불산의 제3전 째의 엽 문(葉門)이 홍콩에 나와서, 영춘권은 일거에 퍼졌다. 엽 문은 이 소룡의 스승으로서도 유명하지만, 근년에 77세로 죽을 때까지 고결한 인격자로서 알려졌고 사람들은 영춘권의 홍콩 종사(宗師)라고 부르며 존경했었다.

4 절권의 장
—북파 소림 장권의 "비연형"

4 절권의 장

절권이란?

조 연화

정무회 총교련 조 연화(趙連和)와 절권

창시자인 곽 원갑이 사망한 후에도 정무회에는 각각 특색있는 우수한 교사가 모였다. 그 중 한사람(원래 황하 유역의 권법가)인 조 연화는 후에 총교련으로 되었으므로 그의 장기인 공력권(功力拳) · 절권이 정무회의 규정형이 되었다. 공력권이 손의 기술을 주로 삼는데 비해 절권은 발의 기술을 주로 삼는 민첩하고 화려한 형으로 비연형(飛燕型)이라 부르는데 어울린다. 이 소룡도 영춘권을 배운 후, 발 기술이 많은 북파 소림 장권을 연구하기 위해 소 노사에게 이 절권의 형을 배웠다. 움직임이 풍부하고 보기에도 화려하지만, 의외로 기본기가 많고 그것의 교묘한 구성으로 이루어져 있다. 처음에는 힘을 빼서 부드럽게 형을 익히며, 차츰 힘을 뺀 채로 속도를 내가며 숨을 코로 가느다랗게 내쉬면서 동작을 연환시켜 나가, 도중에서 움직임이 중단되지 않도록 한다. 흐르듯이 마치 맨손 체조 경기와 같이 해야 한다.

4 절권의 장

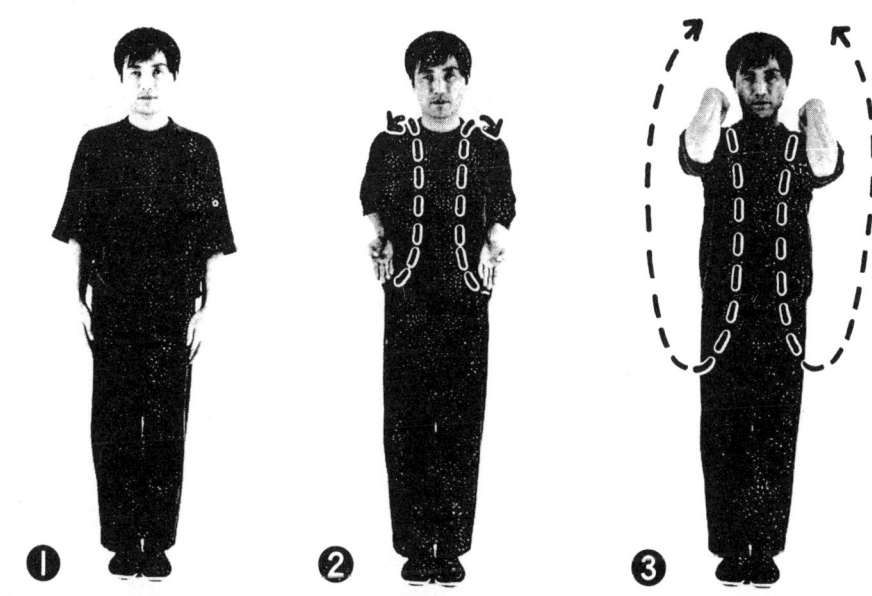

개문식

❶ 다리를 오므리고 직립 부동자세.
❷ 네 개의 손가락을 펴고 엄지 손가락을 굽혀 양손을 허리에 당겨 붙인다.
❸ 손을 구수(다섯 개의 손가락 끝을 모아 손목을 구부린다)로 하여 밑에서부터 어깨에 댄다. 팔꿈치를 조금 튀겨 올리듯이 내미는 편이 좋다.

4 절권의 장

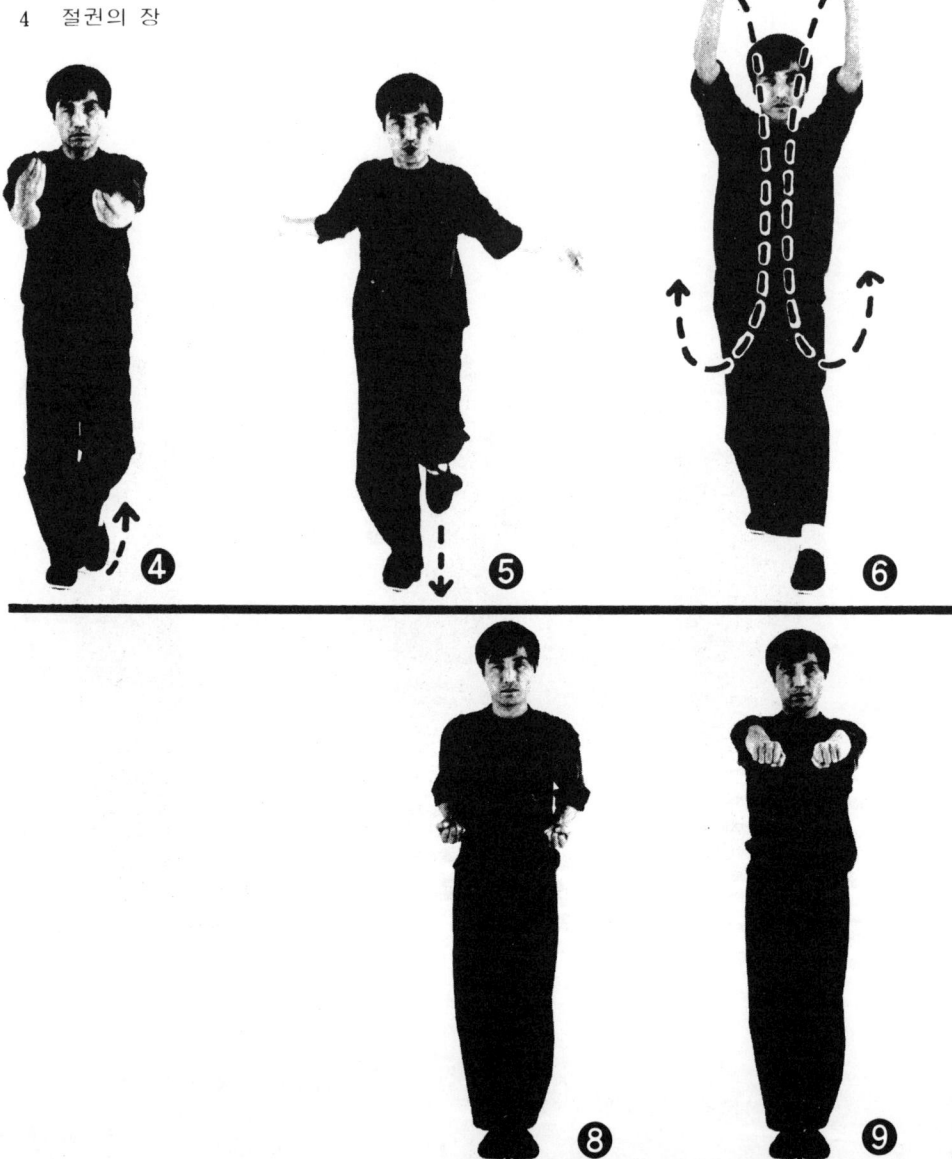

❹~❼ 왼발을 조금 뒤쪽으로 튀겨 올리고 양손을 앞에서 뒤로 선회허여(⑤), 왼발을 앞으로 가볍게 내밀면서 다시 양손을 크게 휘둘러 벌려 동작을 결정할 때 왼쪽을 본다(⑥~⑦). 양손을 휘둘러 돌릴 때는 항상 양손으로 자기의 허벅다리의 바깥쪽을 가볍게 치면서 통과시킨다.

4 절권의 장

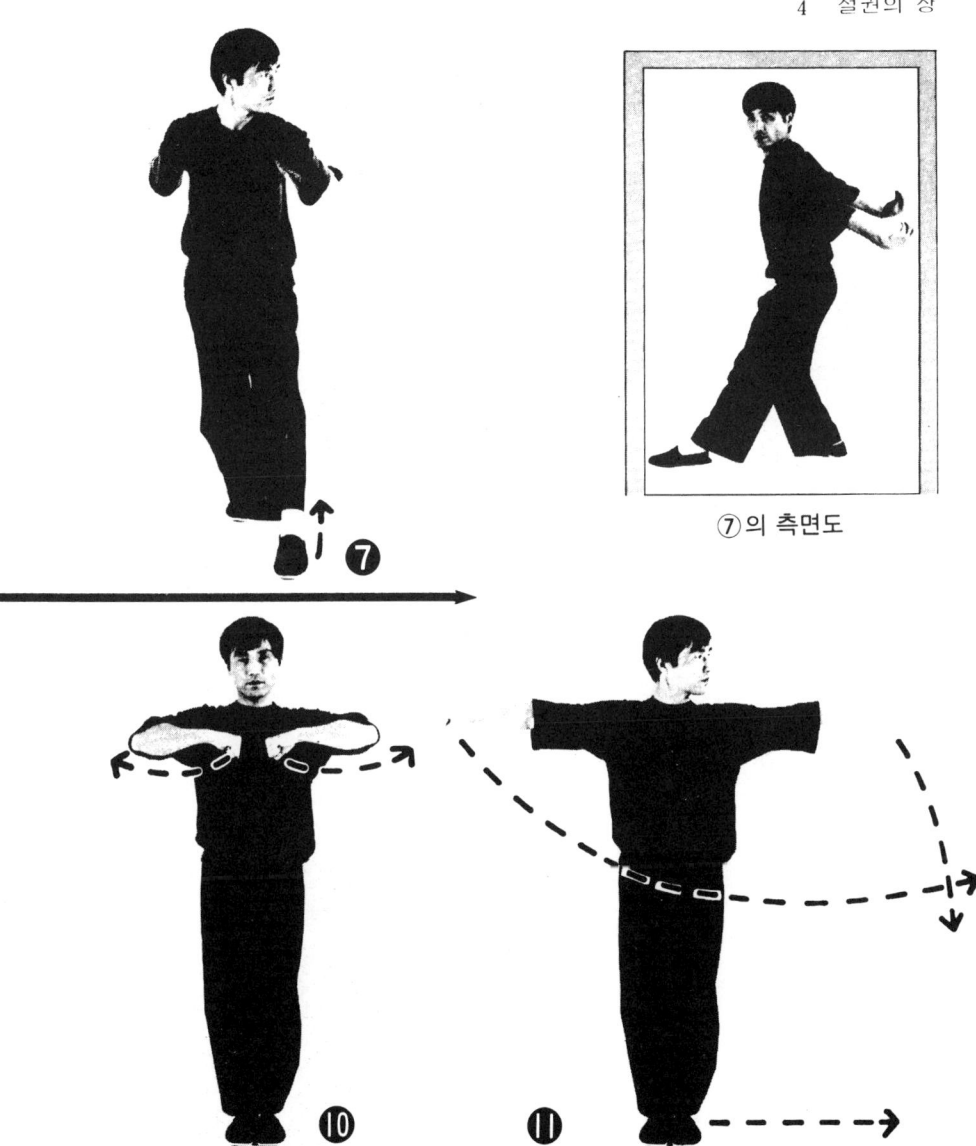

⑦의 측면도

❽ 앞발을 당겨 다시 다리를 오므려 양권을 허리에 당겨 붙인다.
❾ 양손을 동시에 앞으로 내민다.
❿ 양권을 가슴에 당겨 붙인다.
⓫ 왼쪽을 보면서 양손을 좌우로 벌린다.

4 절권의 장

4 절권의 장

❶❷　우선 왼발을 일보 크게 왼쪽으로 내밀어 양손을 교차시키면서 뒷발을 세운 다리 무릎 뒤로 당겨 붙인다.
❸～❹　뒷발을 원상태로 하고 양손을 상하로 벌린 후에 (오른손 위로, 왼손 아래로), 뒷발에 중심을 옮기고 허보로 하면서 오른손을 오른쪽으로 돌려서 밑으로, 왼손을 왼쪽으로 돌려 위로 옮긴다. 양손의 움직임은 염수권 개문식 ④～⑤와 같다.
❺～❻　왼손을 구수로 하단으로 떨어버리고, 오른손을 오른쪽으로 크게 머리 위로 휘둘러 올린다. ⑫～⑯의 양손 움직임은 염수권 개문식의 우화 쌍양보와 같다.
　이상 개문식은 움직임을 부드럽게 연환시켜 전후 좌우로 손을 전개하며, 심신을 고르게 하여 여무를 시작하는 서곡으로 삼는 것이다.

4 절권의 장

제 1 로

1. 걸어 치는 천심권

　일단 앞쪽 손을 가볍게 내린 후에 (①), 앞쪽 발을 반보 전진시켜 궁보로 되고, 좌권을 크게 휘둘러서 걸어 치기를 하면서 (②~③) 우권으로써 중단을 찌른다 (④). 북파 소림 장권의 중단 찌르기는 어깨와 수평으로 쳐낸다. 받으면서 찌르고, 혹은 안면을 견제하면서 가슴에 찔러 들어가는 기술이다.

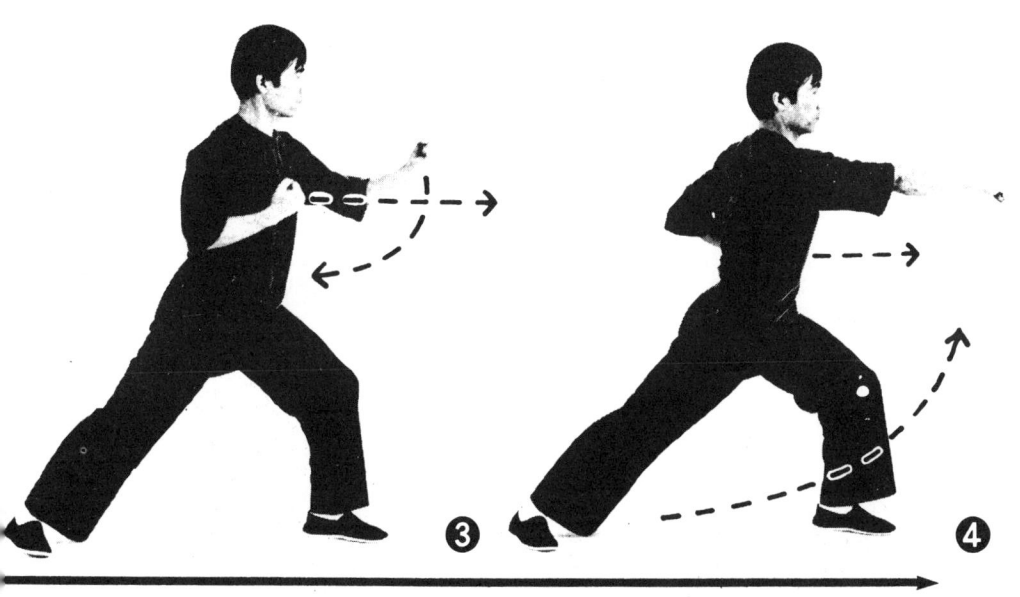

203

4 절권의 장

2. 십자 등각

앞쪽 발을 움직이지 말고 허리 위치를 될 수 있는대로 바꾸지 않도록 하여 오른발을 쳐 올리듯이 차는 것과 동시에 상체의 탄력을 이용하여 좌권을 세로로 하여 쳐낸다(⑤).

3. 번신 상추(翻身上捶)

등각을 한 뒤, 곧바로 몸의 힘을 빼고 찬 발을 밑에까지 내리지 않으며 세운 다리의 탄

번신 상추의 정면도 (⑥~⑧)

력을 이용하여 왼쪽부터 전신하면서 뛰어 오른다(⑥). 오른발부터 내딛어 뒤쪽으로 궁보로 되면서 좌권을 치켜 올리듯이 쳐올린다(⑦~⑧). 오른손은 좌권과 대칭적으로 밑에서 뒤쪽으로 떨어버린다. 앞으로 찬 순간 뒤쪽에서 세운 발을 공격해 왔다고 가정하여 번신 도약해서 반격하는 것이다.

전신 마보추의 정면도 (⑨~⑫)

4. 전신 마보추(轉身馬步捶)

왼발 끝을 안쪽으로 향해 뒤쪽을 돌아보고 (⑨) 오른발·오른손을 동시에 올려서 (⑩) 오른쪽 발끝을 밖으로 향하게 내딛고, 오른손은 그대로 머리 위를 넘겨 허리로 가져오면

서(⑪), 왼발로 전진하여 마보로 되어 좌권을 찌른다(⑫). 뒤쪽으로부터의 찌르기·차기를 쳐 올려 받고 몸을 다루면서 중단 찌르기를 정하는 것이다.

4 절권의 장

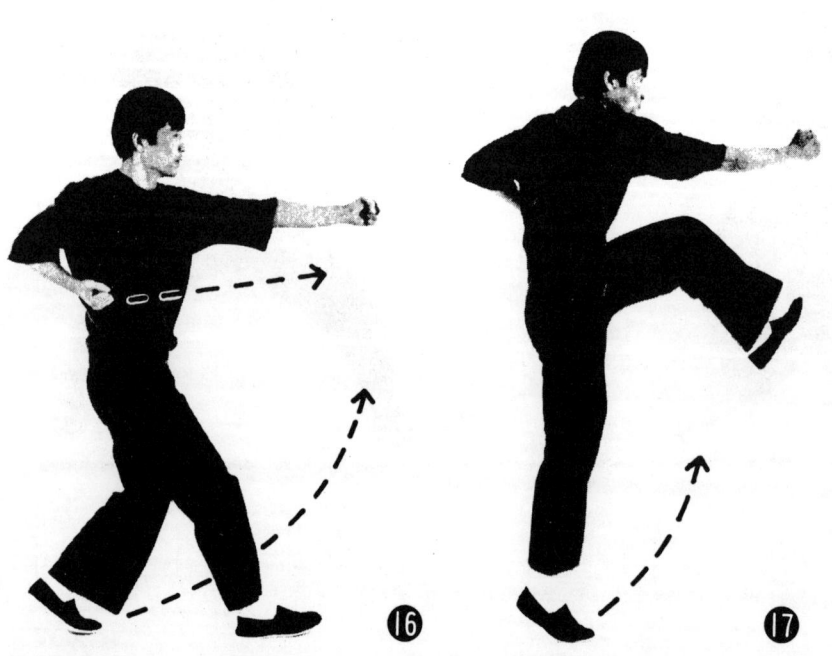

5. 걸어 치는 천심권

좌권을 크게 휘두르면서 중단을 찌른다 (⑬~⑭).

6. 십자 등각

곧바로 권각의 동시 공격(⑮).

7. 이기 십자각(二起十字脚)

오른발을 내리고 곧바로 도약하며(이 때 우권과 왼쪽 다리를 내민다(⑯~⑰), 공중에서 십자 등각(⑱~⑲).

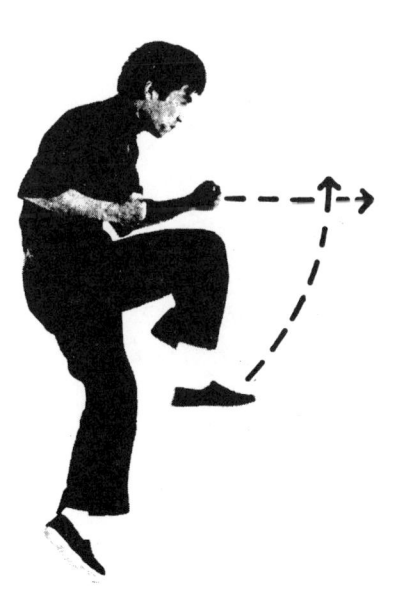

4 절권의 장

8. 착지 마보추(着地馬步捶)

왼발부터 착지하며(⑳), 마보로 되어 우권으로 중단 찌르기(㉑). 뛰어 차기를 한 후에 착지했을 때 이렇게 찌르기 기술을 내밀거나 혹은 땅에 엎드려서 몸을 보호하는 것을 습관화하는 것이 중요하다.

9. 환보 사방(斜方) 마보추

일단 앞쪽 손·앞 다리를 올리고(㉒), 오른손으로써 하단으로 떨어버리며(㉓), 우권을 다시 쳐올리면서 오른발을 비스듬히 앞쪽으로 내리고 마보로써 중단을 찌른다(㉔~㉕).

4 절권의 장

10. 추각 삼련격 (捶脚三連擊)

앞쪽 손을 크게 휘두르고 궁보로 되면서 걸어 치는 천심권(㉖~㉘), 곧바로 십자 등각(㉙), 찬 발을 원상태로 되돌리면서 오른쪽 천심권을 연속시킨다(㉚~㉛).

이러한 연속 기술도 숨을 죽이지않고 코로 가느다랗게 숨을 내쉬면서 부드럽게 연습한다.

여기까지가 제 1 로의 전반세이다. 후반은 원점으로 향해 되돌아간다.

212

4 절권의 장

㉘

㉚

4 절권의 장

11. 복신(伏身) 천심권

그 자리에서 부보로 되어 하단으로 몸을 낮춘다. 우권을 펴서 낮게 준비한다(㉜).
정면으로 궁보로 되어 몸을 일으키면서 왼쪽 손바닥으로 상대방의 찌르기를 잡고, 좌권으로 가슴, 혹은 목에 찔러 들어간다(㉝~㉞). 차기를 바꾸어 반격한다고 가정해도 좋다.

12. 십자 등각

곧바로 십자 등각(㉟). 단 이 경우의 우권은 귓전에서 쳐 내리듯이 하여 중단을 찌른다. 상체의 탄력을 이용하여 등으로부터 권의 끝까지 기력이 관통되도록 해야만 한다. 또 왼발은 무릎의 탄력을 이용하지 않고, 발을 편 채로 차 올린다. 이기 십자각, 즉 뛰어서 차기로 등각을 사용할 경우는 무릎의 스냅을 이용한다.

4 절권의 장

복신 천심권의 정면도 (32~34)

215

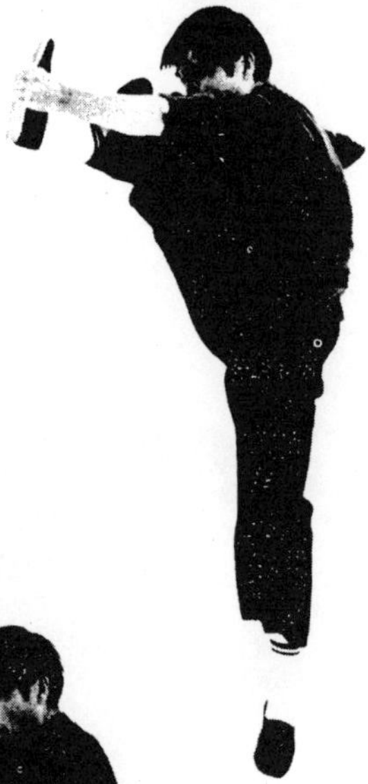

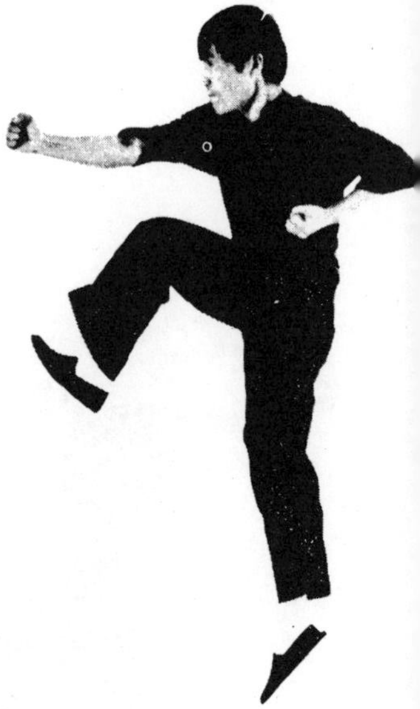

㊵ ㊴

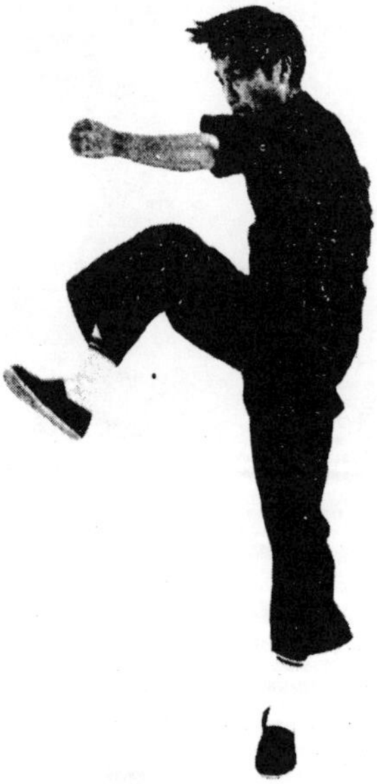

㊶

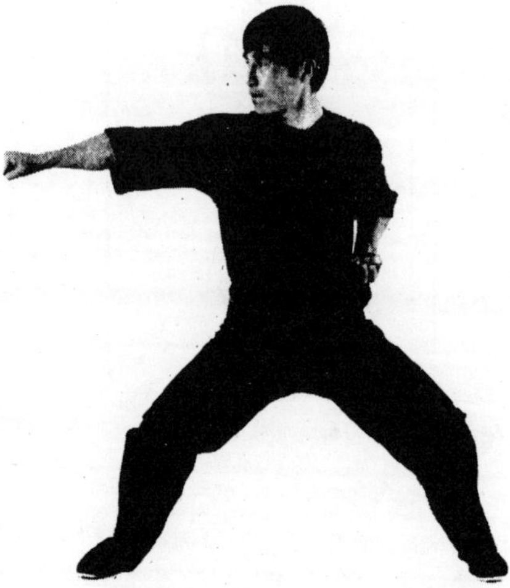

㊷

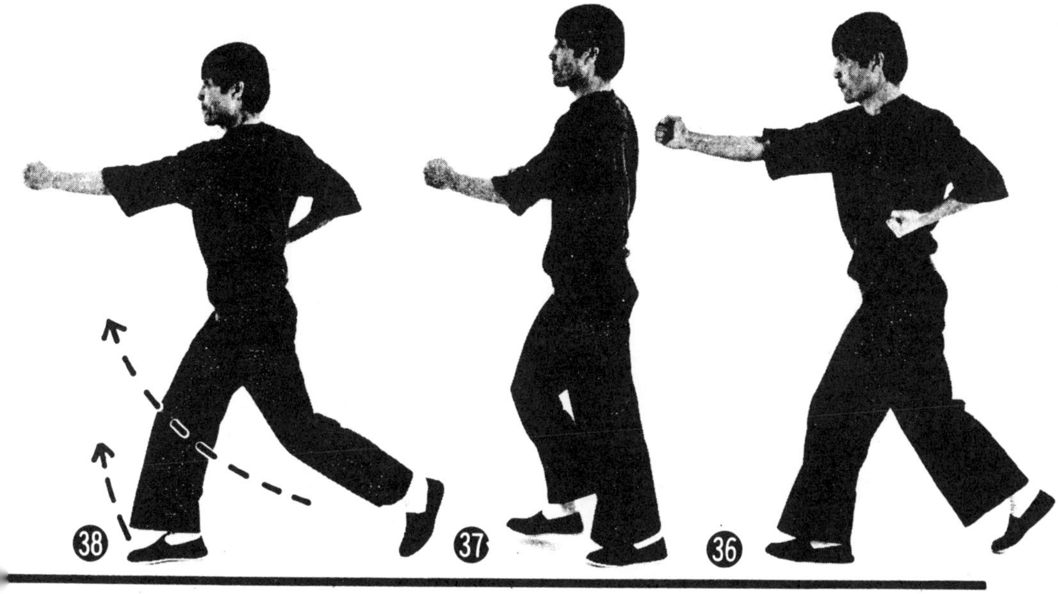

13. 진보 이기 십자각

우선 찬 발을 내리고 (㊱), 이어서 오른발을 전진시켜 (이때 걷는 동작과 같이 왼손을 내민다—㊲~㊳), 그 오른발의 발목을 부드럽게 펴서 뛰어오르며 (㊴), 공중에서 십자 등각을 정한다 (㊵). 이 때 왼발은 사진의 예㊵보다 더 무릎을 구부린 채로 될수 있는 한 몸에 당겨 붙여 공중에 머물러 있는 시간을 길게 하도록 연습하는 편이 바람직하다. 도움 닫기를 하여 상대방에게 접근해서 한번에 뛰어 찰 수 있는 기술이다. 단 연습 중에는 간들 간들하게 위쪽으로 뛰어 오르도록 노력하며, 너무 멀리 뛸 필요는 없다.

14. 착지 마보추

뛰어 차기는 착지할 때 틈이 생기므로 왼발이 땅에 닿음과 동시에 재빨리 마보로 되어 중단을 찌른다 (㊶~㊷).

4   절권의 장

218

4 절권의 장

15. 선풍각

가볍게 양손을 휘둘러 올려 탄력을 모아 (㊸) 몸을 비틀어 뛰어 올라 선풍각 (㊹~㊺).

16. 탁수(托手) 마보추

내딛을 때 우선 왼손으로 자기의 왼쪽 허벅다리 바깥쪽을 손등으로 쳐 떨어버리면서 마보로 되고 (㊻~㊼), 그 왼손을 가슴 앞으로 되돌아오게 하여 찌를 준비를 하며, 동시에 오른손을 왼쪽 손목에 십자로 교차시켜 받기를 준비한다 (㊽). 오른손으로 상단을 받으면서 좌권으로 중단을 찌른다 (㊾). ㊽ 때 오른쪽 손목으로 찌르기를 받고 오른손으로 밑에서부터 상대방의 팔을 튀겨 올려 좌권으로 겨드랑이 혹은 가슴을 찌른다고 생각해도 좋다.

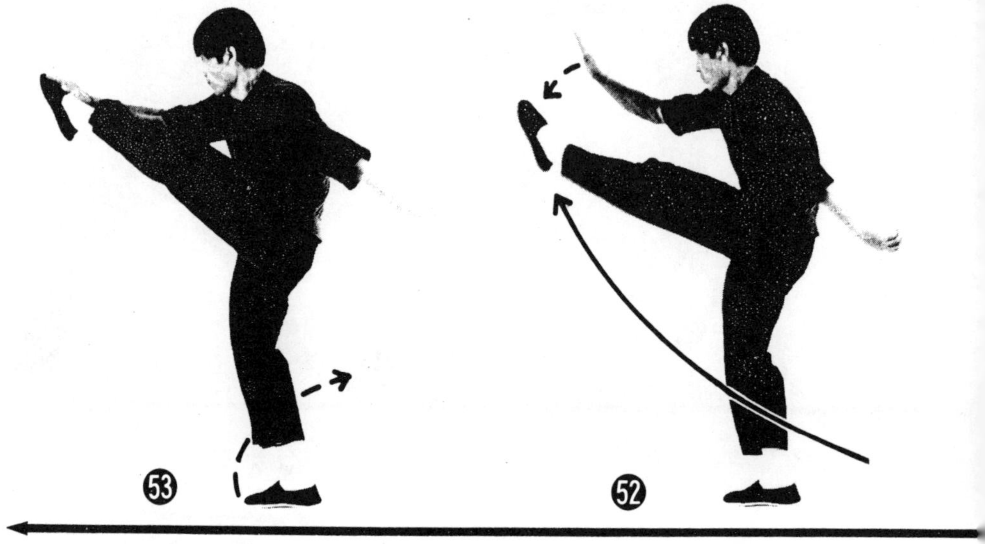

(53)　(52)

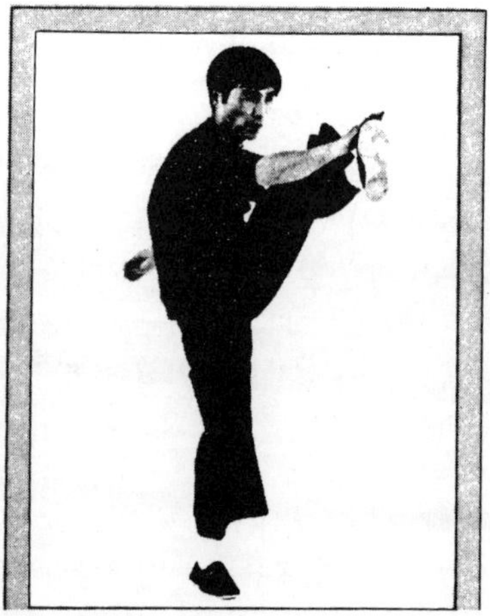

(53)의 정면도

4 절권의 장

제2로

17. 전신 사방 분각

그 자리에서 뒤쪽(조금 앞으로 비스듬히 앞쪽)으로 돌아선다. 이 때 왼손을 펴서 머리 위로 올린다. 양손 모두 밑으로 떨어버리기 위해 손바닥을 위로 하여 준비한다 (㊿).
곧바로 오른쪽 손등으로 자기의 허벅다리 바깥쪽을 쳐 떨어버린다(㊶). 오른손은 그대로 뒤쪽에서 전면으로 휘둘러 내려서 왼쪽으로 비스듬하게 분각한 다리의 발등을 친다. 왼손은 차기와 동시에 손등으로 가볍게 왼쪽 허벅다리 바깥쪽을 떨어버리고 구수로 되어 뒤쪽으로 보낸다 (㊷~㊳).
상대방의 손과 발을 오른쪽·왼쪽으로 떨어내리면서 앞으로 차기로써 정하는 기술이다. 찬 발의 발등을 오른쪽 손바닥으로 치는 것은 앞으로 차기의 목표를 설정하여 몸의 기력을 집중시키는 목적 이외에 상대방의 안면을 치거나 혹은 치려는 것처럼 보이면서 내차는 등의 무술적 의의가 있다. 북파 소림의 장권은 이와같이 손 발을 서로 치는 동작이 많고, 소리가 울리면 울릴수록 좋은 동작이라고 한다.

221

4 절권의 장

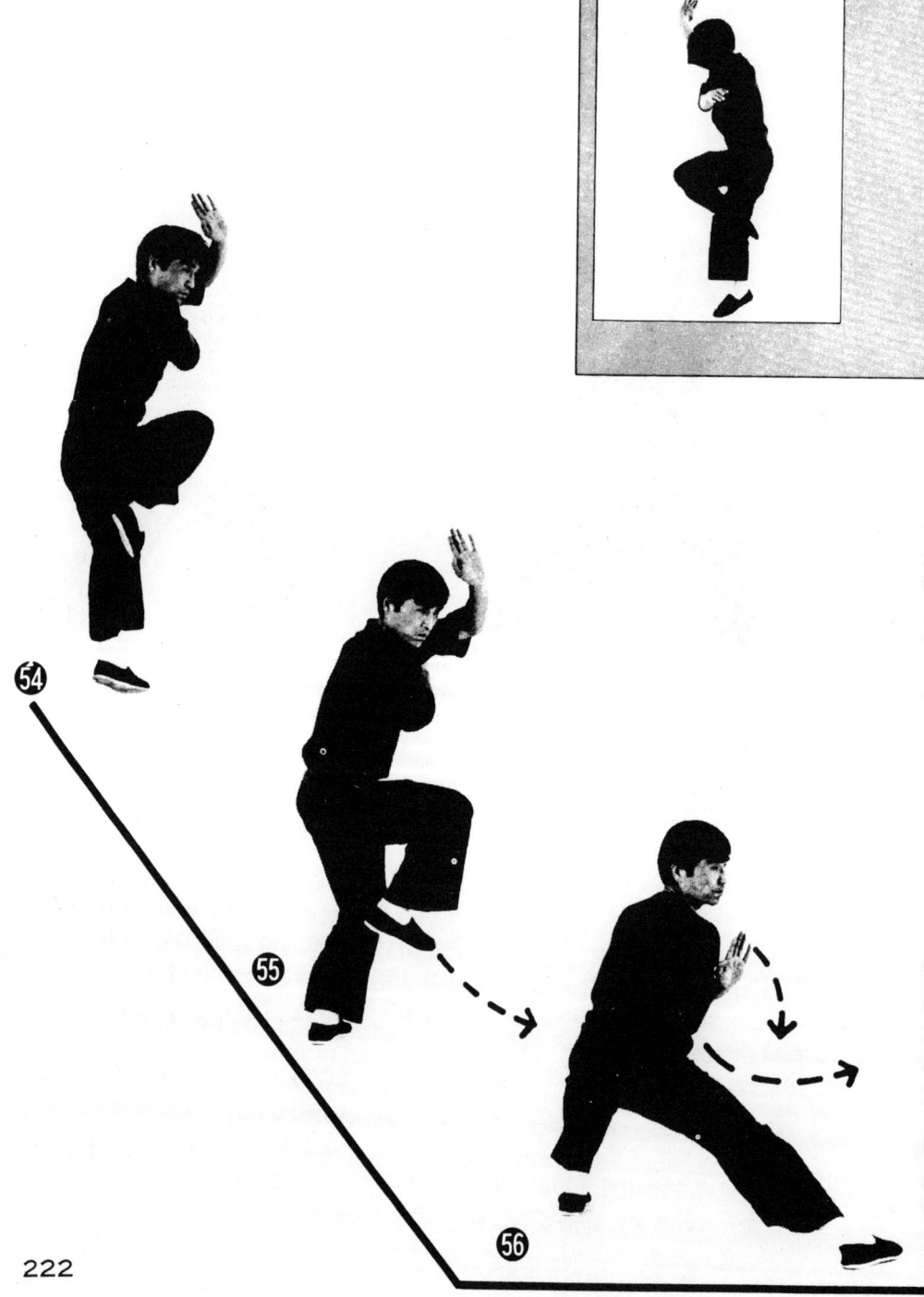

번신 하세 도수의 정면도 (㊄~㊈)

18. 번신 하세 도수(翻身下勢挑手)

뒤쪽에서 세운 다리를 공격받았다고 가정하여, 찬 발을 땅에 내리지 않고 세운 다리의 탄력으로 뛰어 올라서 뒤쪽으로 몸을 뒤집는다(㊄). 왼쪽의 찬 발로 세운 다리의 무릎을 뛰어 넘고, 이어서 오른발을 왼쪽 무릎 뒤쪽에서 빼내듯이 하여 내딛는 것이다(㊄~㊂).

내딛음과 동시에 부보로 되어 몸을 낮추고 양손을 가슴 앞에서 교차한다(㊅). 오른손을 밑으로, 왼손을 위로 교차한다. 곧바로 몸을 일으켜서 좌구수를 하단 뒤쪽에서 떨어버리면서 오른쪽 손목의 스냅을 이용하여 왼쪽 손바닥을 하단에서부터 튀겨 올린다(㊆~㊇).

4 절권의 장

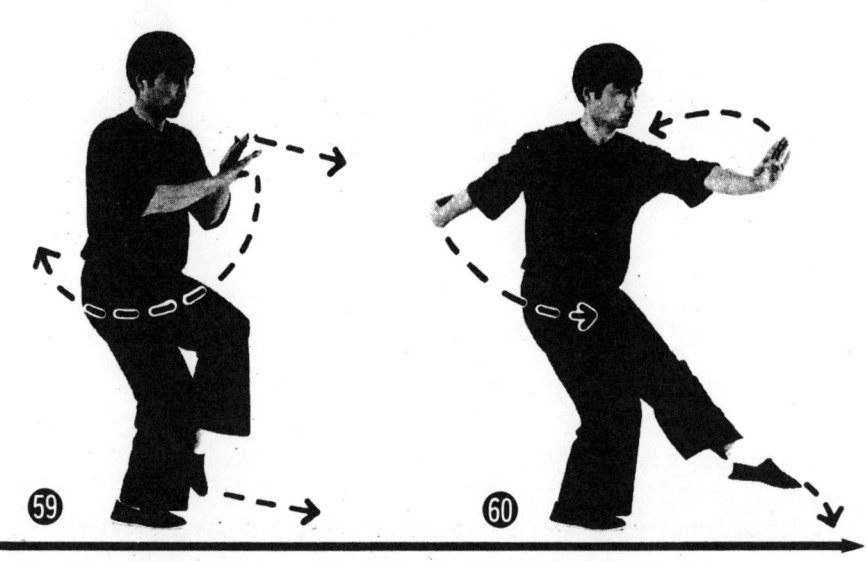

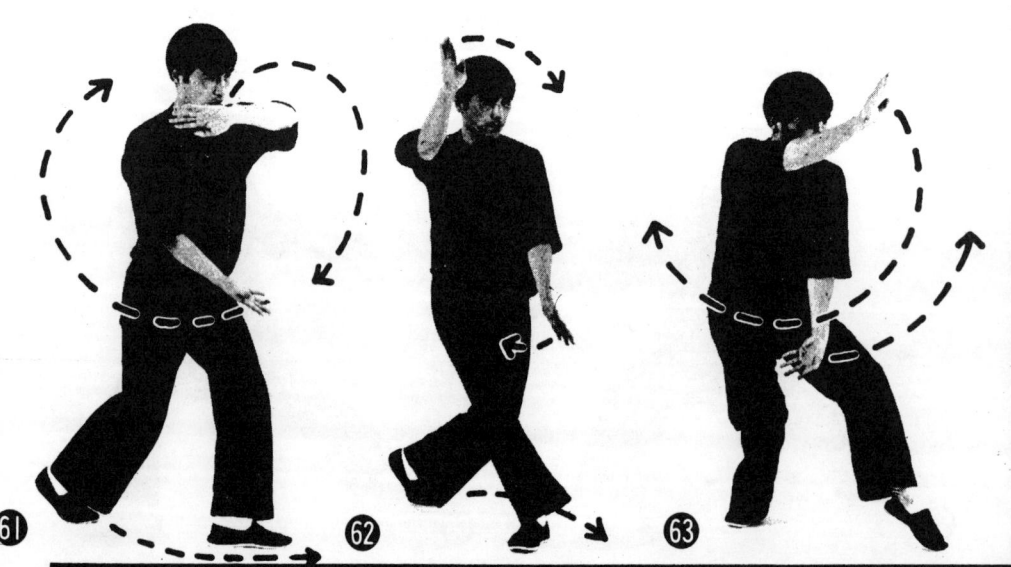

19. 추수 촌퇴(推手寸腿)

도수(挑手)한 오른손 ((58))을 잡혔다고 가정하여 일단 왼쪽 손등을 오른손에 겹친 후에 ((59)), 왼쪽 손바닥을 앞으로 내밀고 오른손을 구수로 하여 하단 후방으로 떨어버린다. 동시에 발끝으로써 상대방의 발목을 찬다((60)). 될 수 있는 한 허리를 낮춘 채 작게 스냅을 이용하여 찬다. 땅의 한 치 위를 공격한다고 하는 의미에서 촌퇴라고 부른다. 찌르기·차기등 연속 기술의 처음에 치는 견제 기술로써 주로 사용되는 탄퇴문(彈腿門)이 장기로 삼는 발의 잔재주이다.

20. 진보 좌도수(進步左挑手)

찬 발을 내리고 양손을 몸 앞에서 상하로 준비한 후에 ((61)), 왼발을 전진시키면서 양손을 밖으로 돌려 작게 반쯤 돌려서 상하를 전환 시키고 ((62)), 다시 왼발을 전진시켜 허보로 하면서 좌도수의 준비 ((63)). 오른손을 구수로 하여 하단부터 뒤쪽으로 떨어버리면서 왼손을 튀겨 올린다((64)). 손목을 아래로 내려서 준비한다 ((65)).

작게 걸음을 전진시키면서 상대방 몸 안으로 파고 들어가듯이 접근하여 하단으로부터 공격하는 기술이다. 형(型) 속에서는 다음의 진보 우도수와 함께 부드럽고 유연하게 하면서 연무의 호흡을 조절한다.

(64)

(65)

  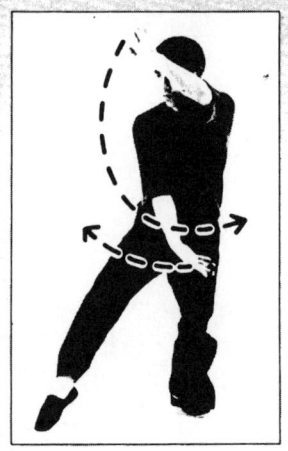

진보 우도수의 정면도 (⑱~⑫)

21. 퇴보 구수(退步鉤手)

왼발을 뒤쪽으로 당겨 궁보로 되면서 왼쪽 손바닥으로 왼쪽 허벅다리 바깥쪽을 떨어 버리고 구수로 한다. 옆으로 일자 연무선에 대해 직각 방향으로 발을 당긴다(⑥).

22. 진보 우도수

우선 자세는 그대로인 채 똑바로 뒤쪽으로 돌아서서(⑥), 비스듬한 방향으로 진보

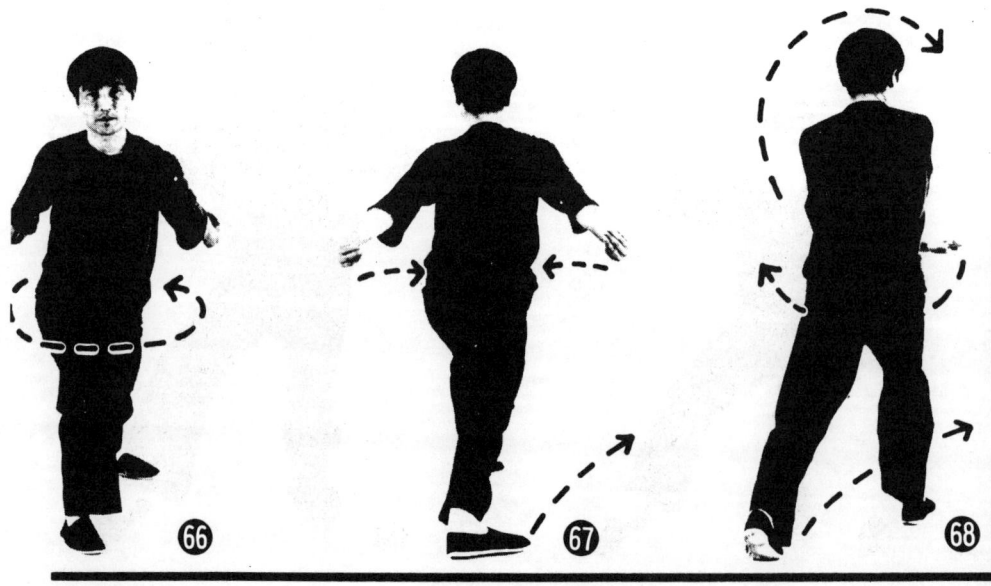

4 절권의 장

우도수. 오른발을 전진시켜 양손을 하단에서 교차(오른손을 위, ⑱), 왼발을 전진시키면서 핸들을 돌리듯이 양손을 돌리고(⑲), 오른발로 전진하여 허보로 되면서 하단부터 도수한다(⑳~㉒).

4 절권의 장

23. 퇴보 구수

오른쪽 손등으로 자기의 허벅다리 바깥쪽을 치면서 구수로 하여 뒤쪽을 떨어버리고, 일보 후퇴하여 궁보로 된다(⑬~⑭). 옆으로 일자의 연무선에 대해 직각 방향으로 물러날 것.

24. 전신 걸어 치는 천심권

그 자리에서 뒤로 돌아서면서 전신의 세력으로 크게 우권을 휘두르면서 좌권으로 중단을 찌른다(⑮~⑯).

4 절권의 장

4   절권의 장

25. 십자 등각

곧바로 십자 등각(⑦).

26. 철보 와두권(撤步窩肚拳)

왼쪽부터 세운 다리를 공격 받았다고 가상하여, 찬 발을 밑에까지 내리지 말고 세 다리의 무릎을 뛰어 넘음과 동시에 왼발을 무릎 뒤부터 빼듯이 하여 오른쪽으로 도약다(⑦~⑦). 내딛음과 동시에 마보로 된다(⑧). 양손은 뛰어 물러날 때 미리 몸 앞에 교차시킨다. 곧바로 좌권을 안쪽으로부터 칼을 뽑듯이 쳐낸다(⑧).

4 절권의 장

27. 걸어 치는 천심권

왼손을 크게 휘둘러 궁보로 되면서 오른쪽 중단 찌르기(⑧②~⑧③).

28. 십자 등각

즉시 십자 등각으로 중단의 권각의 동시 공격(⑧④).

29. 이기각(二起脚)

찬 발을 내리고 왼손을 앞으로 내밀며, 오른손도 펴서 뒤쪽으로 내리고(⑧⑤), 오른발의 탄력으로 뛰어오름과 동시에 오른손으로 밑에서부터 왼쪽 손바닥을 치고(⑧⑥), 곧바로 오른쪽 분각으로 결정한다.(⑧⑦). 공중에서 오른발을 찰 때, 오른쪽 손바닥으로 차낸 발의 발등을 친다.

4 절권의 장

30. 복신세 (伏身勢)

땅 디딤과 동시에 몸을 낮춰 다음에 준비한다 (88~89). 양손은 가볍게 땅에 댄다. 양손으로 탁하고 땅을 쳐도 좋다.

31. 전신 허보 도수

오른발을 축으로 하여 오른쪽으로 몸을 돌려서 (90) 출발점의 방향으로 돌아서서 궁보로 된다. (91). 양손은 89부터 몸을 일으킬 때, 왼손을 위로 올리고 오른손은 그대로 하단으로 준비하면서 전신 (転身) 한다.

뒤쪽 발에 중심을 옮기고 앞발을 반 보 당겨 허보로 하면서 오른쪽 손바닥을 밑에서 튀겨 올리고 (92), 손목을 내려서 손바닥을 세운다. 왼손은 구수로 하단 뒤쪽으로 휘저어 떨어버린다 (93). 여기부터 제 2 로의 후반으로 들어간다.

4 절권의 장

32. 질풍 이기각 (疾風二起脚)

   우선 반 보 내딛고 나서 왼손을 밑에서 위로, 오른손은 손목으로 자기의 오른쪽 허벅다리를 떨어버리고(⑭), 왼발을 내밀어 왼쪽 손등으로 자기 왼쪽 허벅다리 바깥쪽을 떨어버리며 왼손은 뒤쪽부터 휘둘러 올린다(⑮). 다시 오른발을 내딛고 오른손으로 오른쪽 허벅다리를 쳐서 떨어버리며, 왼손은 뒤쪽에서 위로 휘둘러 올린다(⑯). ⑯의 오른발로 땅을 차고 높이 뛰어 오르면서 오른쪽 손등으로 오른 발등을 찬다. 뛰어서 찰 때는 멀리 뛰어 오르는 것보다 높이 도약하듯이 노력 해야 한다.
   질풍처럼 달려가서 뛰어 차기로 호쾌하게 정하는 기술이다. 도움닫기를 할 때 양손을 휘두르며 자기 발의 바깥쪽을 손등으로 쳐서 떨어뜨리며 달린다. 쳐 떨어버리는 소리, 뛰어 올랐을 때의 양손을 서로 치는 소리, 뛰어서 차기를 결정할 때 손과 발의 소리가 연속되어야만 한다. 제2로의 후반은 이 질풍 이기각으로 단숨에 원점으로 향해 되돌아 간다. 뛰어 찰 때, 사진의 예보다 왼발을 더 몸쪽으로 끌어 당기는 것이 바람직하다. 땅을 딛을때 헛점이 생기지 않기 위해서다.

4 선권의 장

4 절권의 장

33. 복신세 (伏身勢)

땅을 내딛음과 동시에 몸을 내려서 몸을 보호한다(⑨~⑩).

제3로
34. 전신 분개수 (転身分開手)

오른발을 축으로 하여 오른쪽으로 돌아서 몸을 한번 회전시켜 양손을 좌우로부터 머리위에서 합치고(⑩~⑩), 왼발을 내딛어 궁보로 하면서 왼손을 구수로, 오른손은 장(掌)으로 하여 좌우로 벌린다(⑩). 실제로는 왼쪽 구수로 받아서 오른쪽 손바닥으로써 앞쪽을 찌르는 기술이지만 형 속에서는 제3로의 시작에 준비하여 호흡을 조절하면서 천천히 양손을 좌우로 벌린다.

분개수의 정면도 ⑩

4 절권의 장

35. 진보 분각

양손을 위로 가볍게 올리면서 오른발을 전진시켜(⑩), 오른발을 힘껏 내디딤과 동시에 양손으로 양쪽 다리의 바깥쪽을 쳐 떨어버리고(⑩), 다시 왼발을 전진하면서 양손

진보 분각의 정면도 (⑩~⑩·조금 비스듬한 곳에서 본 것)

4 절권의 장

을 양쪽에 휘둘러 머리 위에서 겹친다(⑩⑥).이 때 왼쪽 손바닥과 오른쪽 손등을 서로 쳐서 소리를 낸다.
　곧바로 오른쪽 무릎의 스냅을 충분히 살려서 유연하고 민첩하게 상단을 찬다(⑩⑦). 차기를 정했을 때 오른손으로 오른쪽 발등을 친다.

4 절권의 장

36. 복신세

⑩⑦의 찬 발을 조금 멀리 내딛어 일거에 몸을 낮춘다. 양손은 땅에 가볍게 대어 몸을 지탱한다(⑩⑧).

37. 후소퇴 (後掃腿)

왼발을 축으로 하세(下勢: 하단 준비)인 채로 한 번 회전한다. 우선 ⑩⑧로 부터 곧바로 세운 발의 뒤꿈치를 뜨게 하여 발끝을 지점으로 한 이 세운 다리에 중심을 두고 상체를 조금 오른쪽으로 비튼다(⑩⑨). 양손 끝으로 가볍게 땅을 밀고 다시 상체를 오른쪽으로 비틀어서 힘껏 빨리 오른발을 오른쪽으로 돌려 선회시킨다(⑩⑩~⑪). 한 번 회전할 때 오른발은 사진의 예보다 더욱 펴서 발바닥을 될 수 있는 대로 지상에서 떨어지지 않게 하는 것이 바람직하다. 요컨대 ⑩⑨의 자세대로 순간적으로 한 번 회전하여 ⑪⑫로 된다. 즉 땅에 엎드린 채로 뒤로 돌려치기를 하는 셈이다. 소퇴는 북파 소림의 기본기이고 장권의 형에서도 자주 등장하므로 초기단계에서 완전히 몸에 익혀 둘 필요가 있다. 바른 움직임으로 소퇴를 하면 순식간에 지상에 훌륭한 원이 그려진다.

4 절권의 장

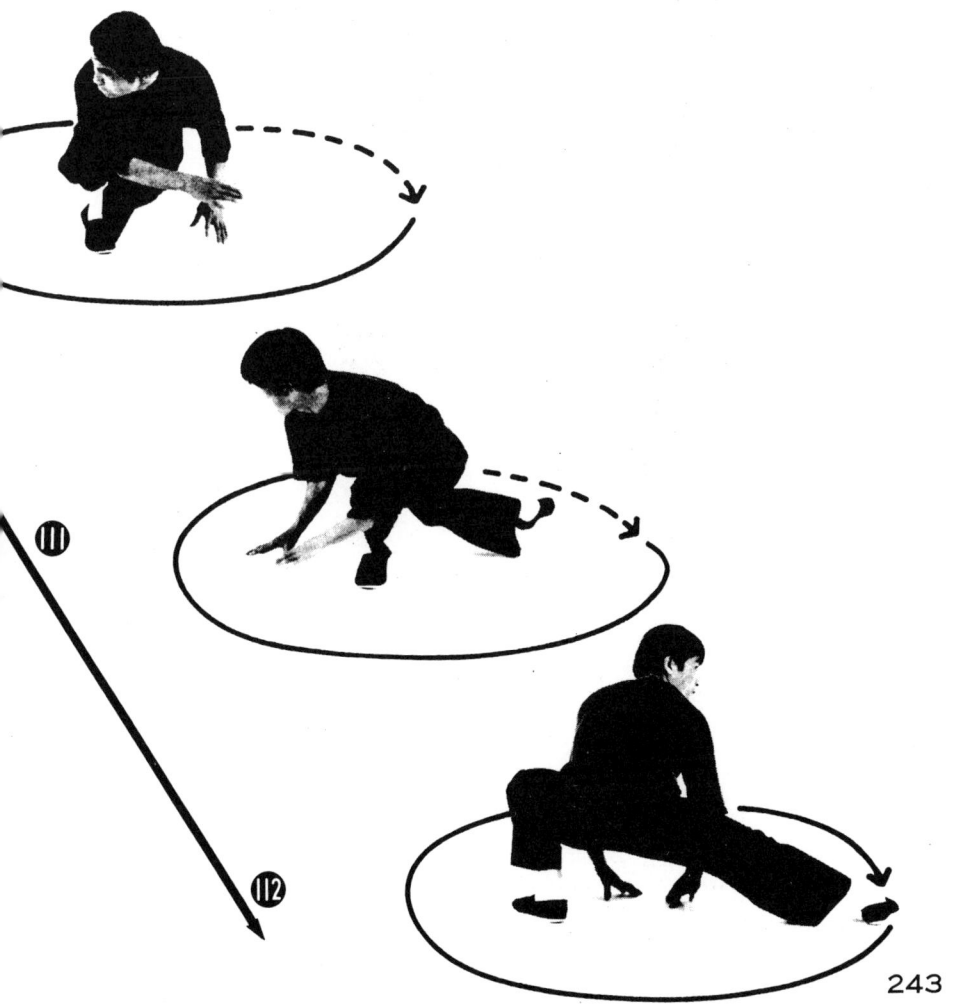

4 절권의 장

환보 마보추의 정면도 (⑬~⑭)

38. 환보 마보 연환추 (換步馬步連環捶)

앞발을 조금 당겨 발끝을 밖으로 향해 내디딤과 동시에 오른손을 펴서 상대방의 손을 잡고 좌권을 귓전에 준비한다(⑬). 왼발을 전진시켜 마보로 되며, 오른손을 귓전에 당겨 좌권을 쳐낸다(⑭). 곧바로 앞발을 조금 당겨 바꾸어 내디딤과 동시에 왼손을 편다(⑮). 전진하여 마보추(⑯~⑰). 환보(바꾸어 내디딤)는 일종의 몸다루기이다. 익숙해진 후는 탁, 탁 가볍게 땅을 쳐서 바꾸어 내딛고 사방 팔방으로 몸을 돌리면서 마보 연환추로 해야만 한다.

4   절권의 장

245

4 절권의 장

4 절권의 장

39. 비연 삼련각(飛燕三連脚)

환보 마보 연환추로 제3로 후반을 끝나고 다음에는 원점으로 향해 세 종류의 뛰어차기를 연속시켜 되돌아 간다. 뛰어 차기를 한 뒤 내디딤과 동시에 받기·찌르기를 연속시키는 습관을 붙이기 위해 손의 기술 세 가지를 짜 맞추어 놓았다. 따라서 실제로는 여섯 가지 기법으로 구성되어 있는 셈이지만 내딛은 후의 손 기술은 뛰어 차기의 여세(余勢 : 남아 있는 움직임) 라 생각하여 여기에서는 뛰어 차기를 중심으로 하여 세 가지로 나누어 설명하겠다. 형을 연무하는 최종 부분이므로 그 나름대로 기백있게 기술을 연속시켜야 한다.

 1) 전신 반선풍

 왼쪽으로 돌아서 뒤쪽으로 전신하면서 양손을 오른쪽 머리 위로 휘둘러 올리고, 오른발을 크게 내디디고 도약하여 공중에서 오른쪽 이합퇴를 한다(⑱~⑳). 양손은 오른발이 땅을 힘껏 내디딜 때 왼쪽 아래로 돌리고, 뛰어 올랐을 때 다시 오른쪽 위로 선회시켜 오른손으로써 오른쪽 다리의 안쪽을 친다. 왼발로부터 착지하여 궁보로 되고, 양손을 크게 상하로 벌린다(㉑~㉒).

247

4 절권의 장

4   절권의 장

⑫④   ⑫③

2) 이기각

곧바로 오른발로 땅을 힘껏 걸어차고 다시 공중으로 뛰어 올라서, 오른쪽 손등과 왼쪽 손바닥을 서로 친다(⑫③). 공중에서 무릎의 스냅을 충분히 이용하여 오른발을 차고, 오른쪽 손바닥으로 그 오른쪽 발등을 친다(⑫④). 왼발부터 내딛을 때, 우권을 허리에 준비하고(⑫⑤), 마보로 되면서 우권을 쳐낸다(⑫⑥).

249

4 절권의 장

4 절권의 장

3) 선풍각
　곧바로 몸을 비틀고 뒤쪽으로 뛰어 올라(⑫⑦~⑫⑧), 공중에서 오른발을 크게 돌려 왼쪽 손바닥과 서로 친다(⑫⑨). 오른발은 될 수 있는대로 무릎을 굽히지 말고 편 채로 돌려 차기를 하는 쪽이 도리어 원심력이 붙으므로 차기 쉽다. 또 뛰어 오를 때에 너무 힘을 주면 몸이 뒤로 젖혀지고 중심선이 무너지므로 손발의 기력이 분산되고 착지도 불안정하게 된다. 부드럽게 뛰어 오르고 차기를 순식간에 기력을 집중하는 것이 좋다. 왼발부터 착지했을 때, 우선 왼쪽 손등으로 왼쪽 허벅다리 바깥쪽을 쳐서 뒤로 떨어버린다. (⑬⓪, ㊻~㊼그림 참조)

251

4 절권의 장

뒤쪽으로 쳐서 떨어버린 왼손을 쥐고 밑에서부터 왼쪽가슴 앞에 가볍게 쳐 올리듯이 준비하고, 오른쪽 손바닥을 십자로 걸쳐서 합친다(⑬). 곧바로 오른손을 위로 올리면서 좌권을 왼쪽으로 비틀어 쳐낸다 (⑬). 이상의 비연 삼련각은 반듯이 유연성을 유지하여 연속시킨다. 그 때문에 호흡도 부드럽게 사용한다. 즉 코로 가느다랗게 숨을 내쉬면서 기술을 연속시키고, 결정의 순간도 코로 가볍게 내쉬며 (호흡하는 소리를 내서는 안된다) 뱃속에서 숨을 쉬듯이 한다.

40. 수세 (收勢)

왼발을 당겨 붙이고 정면으로 다리를 모으면서 양손을 벌려 귓전에 준비하고 깊게 숨을 들이마신다 (⑬). 양손바닥을 밑으로 누르듯이 내리면서 숨을 천천히 쉬면서 호흡을 조정한다(⑬). 양손을 겨드랑이에 대어 절권의 전체동작을 끝낸다(⑬).

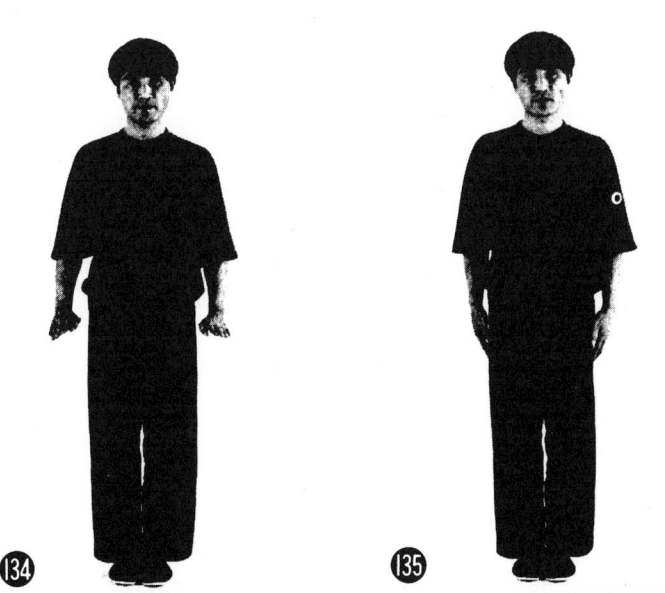

현대 중국의 소림권과 홍콩의 권법계
― 현대에 숨쉬고 있는 전통 무술

　현재 중국에서는 공적으로는 소림권이라는 명칭을 사용하고 있지 않다. 소림이라고만 해서는 너무 유파가 많고 구체적으로 알기 어렵기 때문이다. 그래서 우선 "북권"과 "남권"으로 분류하고, 다시 필요에 따라서 북파라면 "화권(華拳)"·"사권(査拳)"등, 또한 남파라면 "홍권"·"채리불권" 등 구체적으로 사용되어 온 유파의 이름을 붙이도록 했던 것이다. 이렇게 해서 전통형을 보존하는 한편, 동시에 국가 7대 스포츠의 하나로써 육성하기 위해 새로 유파를 초월한 경기용의 현대형을 난이도에 따라 갑·을 두 조로 나누고, 갑조의 남자 장권·여자 장권 따위를 제정했다. 그리고 종래에는 비밀리에 전수되었던 것을 가능한 한 공개하여 자유롭게 배울 수 있는 소년궁(少年宮), 혹은 업여(業余) 체육학교 등에 무술과정을 설치하여 보급에 노력하고 있다.
　각 지방마다 경기회와 전국대회도 매년 수일간에 거쳐 개최되고 있다. 이밖에 각종 표연회(表演会)도 수시로 개최되었고, 1978년 10월에는 광주시에서 권법사상 획기적인 남파 소림권의 대연무회가 열렸다. 홍권·이가권·채가권·불가권·채리불가권·합권·홍문권·백미권·요권·위청권·용형권 등 17문 220명이 참가하여 소라한권(小羅漢拳)·오형권(五形拳)·복호권 등 역사상에 이름 높은 형을 비롯하여 도(刀)·창·검·곤(棍) 등 무기법을 포함, 합계 219종의 형이 연무되었다.
　소림권의 달마(達磨) 개조설의 전설로 유명한 하남성의 소림사도 지금 개수(改修) 중에 있으나 이미 비공식적으로 공사가 재개되었다. 1978년 4월, 뉴질랜드의 루이·아일리가 방문했을 때 등봉현(登封縣) 당국은 일부러 그를 위해 소림사의 전통을 이어받은 늙은 무술가와 그 지방의 무술을 애호하는 소년들을 모아서 한 시간 동안 연무회를 열었다. 11세 소년에 의해 대타(対打) 형이 가장 훌륭했다고 한다. 그에 의하면 소림승 대부분이 환속했거나 혹은 무술 교사가 되어 절을 나갔으나, 아직도 절안에 11명의 고승이 남아 있다고 한다. 그 외에 홍콩 대학의 유 박물관장도 최근 소림사 사진을 홍콩 대공보(大公報) 지에 발표하고 있다. 그 중 한 사람의 고승 사진이 있었는데 손에 염주를 꼭 잡고 있는 것이 인상적이었다.
　홍콩은 영춘권(詠春拳)·홍권(洪拳)·채리불 등 남파 소림권이 주류이며, 그 밖에 소위 사문(邪門)이라 불리는 기권(奇拳) 등을 넣으면 대소 여러가지 문

《비 권》

파가 있으며, 저명한 권법가가 많이 있다. 근대 동란기에 북방으로부터 다수의 무술가가 남하 하였는데, 의외로 북파가 많다. 이른 아침 공원에서 태극권을 흔히 볼 수 있는데, 이 권법은 원래 북파 장권(長拳)에 속한다. 단 홍콩의 태극권은 오파(吳派)가 주류를 차지하고 있다. 오파 태극권은 상당히 실전적인 전통을 가지고 있으며, 1954년 오파 제3대 종가 오공의(吳公儀)가 백학문(白鶴門)의 젊은 권법가 진 극부(陳克夫)의 도전을 받아들여서 마카오에서 유혈의 공개 시합을 한 것은 너무도 유명하다. 지금도 "실용 태극권"이라 불리는 오파의 정 천웅(鄭天態)은 그의 문하에서 동남아시아 방어 도구를 부착하여 하는 시합 대회에 내보내서 챔피언이 되었다. 이 종류의 대회에서 활약하는 대성 벽계문의 진 수중(陳水中)도 저명인 중에 한 사람인데, 이 문파는 이른바 "후권"(猴拳)"이며 진 문하의 뛰어난 인재인 진 관태(陳觀泰)는 영화계에 들어가서 톱 스타가 되어 스스로 「마류왕(馬騮王)」(마류 란 원숭이를 칭함)을 제작 주연하여 절찬을 받았다.

중국 권법의 전통은 주로 일반 민중의 손에 의해 지켜져 왔으므로 위로는 종료로부터 아래로는 흑사회(깡패 세계)에 까지 관계가 있으며, 또한 연극계와도 밀접하게 결부되어 있다. 진 관태 이외에도 「사형도수」·「취권」 등에서 천재 청년인 성룡과 절묘한 콤비를 보여준 원 소전(袁小田), 악역으로 이름난 석견(나한문) 등은 모두가 무술에서도 원로급 인물이다. 또 유 가휘(홍권)·전 성(채리불) 등도 남파 소림의 맛을 즐겁게 보여 준 청년 스타이다. 즐거운 것으로는 여기 저기에서 열리고 있는 표연회에서도, 마치 축제와 같은 전통형과 새로운 중국의 숨결을 전하는 현대형의 두 종류가 있다. 전통파는 각 도장마다 사자무를 연출하고, 기권의 특별 표현도 있다. 그리고 어느 날 현대파 무술 경기회를 보았을 때, 1959년 광동성의 무술 대표 선수로서 홍콩에 나가서 청화(菁華) 무술회의 간부가 되었던 양 극명이 연출한 진가 태극권에 경탄했다. 그는 옆으로 일자의 연무선을, 큰 소리를 지르면서 권각을 휘둘렀다. 지금까지 본적이 없는 진가 태극권이었다. 광주에서는 하남성의 진가구(陳家溝)에서 8년간 진 연희(陳延熙)에게 신가식의 교전을 받고 정정화(程廷華)계의 팔괘장도 수득한 내가권(內家拳)의 달인 전 진숭(傳振崇)이 근년에까지 실재했다고 하며, 필시 양씨가 연출한 진가 태극권은 이 흐름을 편성한 것이라고 생각된다. 백화요란(百花繚乱), 이것이 홍콩 권법계의 모습이다.

판권본사소유

쿵후교본

1997년 2월 5일 1판 1쇄 인쇄
2005년 1월 5일 1판 6쇄 발행

엮은이 : 편 집 부
발행인 : 이 금 재
발행처 : 오성출판사

서울시 영등포구 영등포 6가 147-7
TEL : (02) 2635-5667~8
          2635-6247~9
FAX : (02) 835-5550

출판등록 : 1973년 3월 2일 제 13-27호

ISBN 89-7336-714-5
값 8,000원

※파본은 교환해 드립니다.
※독창적인 내용의 무단 전제, 복제를 절대 금합니다.